이화유치원 교육과정 운영의 실제

만 5세 ⑬ 유치원 졸업과 초등학교 입학

이화유치원

교육과정 운영의 실제

만 5세

⑬ 유치원 졸업과 초등학교 입학

이화여자대학교 사범대학 부속이화유치원

(주)교 문 사

머리말

올해로 97년의 오랜 역사와 전통을 자랑하는 이화유치원은 우리나라에서뿐만 아니라 전 세계에서 탁월한 유아교육을 실행하는 유치원으로 높이 평가받고 있습니다. 이화유치원은 이에 긍지와 자부심, 책임감을 가지고 있으며, 무한한 가능성을 가진 유아들이 바르고, 착하고, 아름답게 자랄 수 있도록 최적의 교육환경과 교육과정을 제공하기 위해 항상 노력하고 있습니다. 더 나아가 미래사회를 책임질 유아들의 건강한 성장과 발달을 위해 끊임없이 새로운 프로그램을 개발하고, 유아교육의 질을 제고하기 위한 연구를 지속하여 유아교육 발전을 선도해 가고 있습니다.

유아의 성장 및 발달에 적합한 환경과 교육과정으로 질 높은 유아교육을 충실히 실행하는 것이 이화유치원의 중요한 사명 중 하나라면 또 다른 중요한 사명은 유아의 발달 및 유치원 교육과정, 교수방법, 교육환경 등에 관한 연구를 수행하고 그 결과를 출판하여 보급하는 것입니다. 이에 따라 이 책 『이화유치원 만 3, 4, 5세 교육과정 운영의 실제』는 이화유치원의 중요한 사명을 성공적으로 완수해 낸 결과물인 것입니다.

이화여자대학교 사범대학 부속이화유치원에서 1992년과 1995년 두 번에 걸쳐 『만 3, 4, 5세 어린이를 위한 유치원 교육과정 운영의 실제』를 출판한 지 어느덧 16년이 지났습니다. 2004년에 이화유치원 창립 90주년 기념행사를 성황리에 개최한 이후 새로운 『만 3, 4, 5세 유아를 위한 이화유치원 교육과정 운영의 실제』를 출판하기 위한 준비 및 집필 작업을 계속해 왔고 드디어 2011년에 출판하게 됨을 매우 기쁘게 생각합니다.

『이화유치원 만 5세 교육과정 운영의 실제』의 1학기 생활주제는 「즐거운 유치원」, 「나」, 「봄」, 「가족」, 「동물」, 「동네와 지역사회」, 「여름」이고, 2학기 생활주제는 「교통기관」, 「우리나라」, 「환경보호와 소비생활」, 「가을」, 「겨울」, 「유치원 졸업과 초등학교 입학」입니다. 기존 만 5세 교육과정 운영의 실제에서 제시한 생활주제 중 「세계 여러 나라」의 교육 내용을 각 생활주제로 나누어 삽입했고, 「즐거웠던 여름방학」을 「여름」으로 통합했습니다. 그리고 「교통기관」

과 「환경보호와 소비생활」을 새로운 생활주제로 추가했습니다.

『이화유치원 만 5세 교육과정 운영의 실제』는 동일하게 3개의 장으로 구성되어 있습니다. 1장에서는 각 생활주제 선정의 의의와 교육 목표를 소개했습니다. 생활주제에서 다루어야 할 학습 내용을 2~5개의 주제로 구분하고, 주제별로 교육 목표와 내용을 설명했습니다. 2장에서는 교육환경에 대해 소개했습니다. 원내와 교실의 흥미 영역을 교육 내용에 적합하게 구성하는 방법을 설명했고, 사진을 실례로 소개했습니다. 3장에서는 생활주제에 적합한 교육활동을 주제별로 소개했습니다. 교육활동의 전개 방법에서는 유아들이 흥미를 가지고 능동적으로 참여하여 교육 내용을 이해하고 학습할 수 있도록 하기 위해 교사가 만 5세 유아들의 발달 수준, 지식, 경험 등에 적합한 교육적 대화를 어떻게 나누는지를 소개하는 데 중점을 두었습니다. 이 책에 수록된 교육활동을 현장에서 실시할 때 도움이 되도록 교사의 질문 및 언어적 상호작용을 구체적으로 자세하게 기술하였고, 내용을 쉽게 이해할 수 있도록 사진 및 삽화를 수록했습니다. 활동 시 참고할 사항을 Tip으로 제시했고 유의점에 주의해야 할 사항을 설명했습니다. 또한 확장활동 및 관련활동을 제시하여 교육활동들 간의 연계성을 강조했습니다. 부록에는 주간교육계획안과 일일교육계획안의 예시를 수록하여 실제 교육계획안 수립 시 참고할 수 있도록 했습니다.

이화유치원에서는 교육과정의 학습경험 설정 및 효과적 조직에서 요구되는 세 가지 준거—계속성(continuity), 계열성(sequence), 통합성(integraty)—를 갖추고자 지속적인 연구와 노력을 거듭하고 있습니다. 이 책에서는 만 3, 4, 5세 교육과정 간 계속성, 계열성, 통합성에 초점을 맞추어 연구 · 개발된 새로운 생활주제, 주제 및 교육활동들을 소개했습니다. 또한 본 유치원에서 지난 10여 년간 실행해 온 각종 연구들—기본생활습관교육, 소비자교육, 극놀이, 요리활동, 종일반 프로그램, 수학교육, 리더십교육, 언어교육, 동작교육, 문학교육, 전통문화예술교육—을 통해 새롭게 개발된 생활주제, 주제 및 교육활동들을 이 책에 소개했습니다. 기존 『만

5세 어린이를 위한 유치원 교육과정 운영의 실제』에 수록되었던 활동들의 경우, 최근 유아들의 발달적 특성, 요구, 흥미에 적합하게 또한 시대적 변화와 요구에 부응할 수 있도록 수정 · 보완해서 소개했습니다.

그동안 이 책이 출판될 수 있도록 도와주신 여러 분들께 머리 숙여 감사를 드립니다. 먼저 『이화유치원 만 5세 교육과정 운영의 실제』를 함께 집필해 주신 이화유치원 전 · 현직 교사들—오지영, 강경미, 강지영, 곽진이, 김혜전, 이누리, 전우용—께 감사를 드립니다. 유아교육 발전을 위한 이화유치원의 사명을 완수하기 위해 지난 몇 년간 주말이나 공휴일은 물론이고 방학에도 쉬지 못하면서 이 책의 집필 과정에 참여해 주신 여러 분들의 헌신적 노력은 유아교육의 역사에서 오래 기억될 것입니다. 이 책의 집필 과정에서 여러모로 도움을 주신 이화유치원 전 · 현직 교사들—최수연, 최지은, 정은화, 박보람—께도 깊은 감사를 드립니다. 또한 이 책을 출판해 주신 (주)교문사 류제동 사장님, 정용섭 부장님을 비롯한 직원 여러 분들께도 진심으로 감사를 드립니다.

끝으로 이 책이 출판될 수 있도록 간접적으로 도와주신 분들께도 감사를 드립니다. 그동안 유아교육을 공부하는 학부생 및 대학원생, 유아교사, 유아교육학자, 유아교육 전문가 및 행정가, 심지어 학부모들께서도 이 책이 언제 출판되는지를 문의하고 출판을 서둘러 주기를 부탁하셨습니다. 『이화유치원 만 3, 4, 5세 교육과정 운영의 실제』를 하루빨리 출판해 달라는 많은 분들의 요청이 저희들에게 든든한 힘과 격려가 되어 주었기에 이 자리를 빌려 감사의 마음을 전하며, 여러분들께서 기대하신 만큼 큰 도움 받으시기를 바랍니다.

2011년 7월 25일

집필진 대표 홍용희

차 례

1장

생활주제 선정의 의의와 목표

1장

생활주제 선정의 의의와 목표

1. 생활주제 선정

'유치원 졸업과 초등학교 입학' 생활주제는 유아들이 지금까지의 유치원 생활을 잘 마무리하고 새롭게 맞이하는 초등학교 생활을 자신감과 기대를 가지고 준비할 수 있도록 하기 위해 선정되었다. 유아들은 유치원을 졸업하고 초등학교에 입학하면서 생활환경에 큰 변화를 맞게 된다. 생활과 학습의 터가 유치원에서 초등학교로 바뀜에 따라 유아들은 새로운 생활환경에 적응해야 한다. '유치원 졸업과 초등학교 입학' 생활주제에서는 유아들이 감사한 마음으로 유치원 생활을 마무리하고 생활환경 변화에 순조롭게 적응할 수 있도록 교육한다. 유아들이 지금까지의 유치원 생활을 되돌아보며 즐거웠던 일들을 회상하고 유치원에서 함께 지낸 친구들, 선생님들과 작별의 인사를 나눔으로써 유치원 생활을 정리할 수 있게 한다. 유치원 생활을 즐겁게 할 수 있도록 도와주신 부모님, 선생님, 친구들, 유치원 직원들께도 감사의 마음을 전하도록 지도한다. 또한 유치원과 초등학교의 서로 다른 학습 환경을 인식하고, 자신이 진학할 초등학교에 대해 미리 알아봄으로써 앞으로 생활하게 될 초등학교에 대해 친숙해질 수 있게 한다.

2. 주제 및 목표 선정

'유치원 졸업과 초등학교 입학' 생활주제는 '유치원 생활 돌아보기', '초등학교 생활 알아보기' '유치원 졸업' 으로 구성되었다.

생활주제	주 제
유치원 졸업과 초등학교 입학	유치원 생활 돌아보기
	초등학교 생활 알아보기
	유치원 졸업

각 주제별 교육목표 및 교육내용은 다음과 같다.

주제	분류	목표 및 내용
1. 유치원 생활 돌아보기	교육목표	• 유치원 생활을 회상한다. • 그 동안 함께 지낸 친구들에게 고마운 마음을 갖는다. • 유치원 선생님들과 직원들께 감사하는 마음을 갖는다. • 유치원에서 함께 생활했던 친구, 선생님, 직원들에게 감사의 마음을 전한다. • 즐겁게 유치원 생활을 할 수 있도록 애써주신 부모님께 감사의 마음을 전한다.
	교육내용	'유치원 생활 돌아보기' 는 유아들이 선생님, 친구들과 함께 한 즐거웠던 시간을 회상하며 유치원에서의 생활을 되돌아볼 수 있도록 선정한 주제이다. 유치원에서 즐거웠던 일에 대해 이야기 나누고 유치원에서 재미있었던 활동을 다시 해보는 시간을 갖는다. 또한 유치원에서 즐겁게 지낼 수 있도록 도와주신 여러 분들께 감사의 마음을 전해드리며 유치원 생활을 마무리할 수 있게 한다.
2. 초등학교 생활 알아보기	교육목표	• 유치원을 졸업하고 초등학교에 진학함을 안다. • 유치원과 초등학교의 비슷한 점과 다른 점을 안다. • 내가 가게 될 초등학교에 대해 관심을 가진다. • 초등학교 교실 환경에 관심을 갖는다. • 초등학교 생활을 기대한다.
	교육내용	'초등학교 생활 알아보기' 는 유아들이 초등학교 생활에 순조롭게 적응할 수 있도록 선정한 주제이다. 유치원 교실 환경을 초등학교 교실 환경과 동일하게 바꾸어보거나 자신이 진학할 초등학교에 대해 관심을 갖고 알아보는 활동, 초등학교 선배와 초등학교에 대해 궁금한 점을 이야기나누는 활동을 통해 유아들이 초등학교 생활을 기대하고 준비할 수 있도록 한다.
3. 유치원 졸업	교육목표	• 졸업의 의미를 알고 졸업식을 준비한다. • 주변 환경을 정리하며 유치원 생활을 마무리한다. • 유치원에서 함께 지냈던 친구들, 선생님들, 동생들과 작별의 정을 나눈다.
	교육내용	'유치원 졸업' 은 유아들이 졸업의 의미를 알고 졸업식에 참여하며 유치원 생활을 마무리할 수 있도록 선정한 주제이다. 유아들은 유치원 생활을 마치고 졸업을 하게 됨을 알고 졸업 기념 그림을 그리거나 졸업가 노래를 배우는 등의 활동을 통해 졸업식을 준비한다. 개인장과 교실환경을 정리하며 유치원 생활을 마무리하고 유치원 전원아가 함께 모이는 합동송별회에서 친구들, 동생들, 선생님들과 함께 했던 기억을 나누며 작별의 시간을 갖는다.

2장

환경 구성

2장 환경 구성

1. 실내 환경: 현관, 복도

1) 현관게시판

'유치원 졸업과 초등학교 입학' 생활주제는 만 3 · 4세의 '겨울' 생활주제와 같은 시기에 실시되므로 겨울철 자연 풍경이나 사람들의 생활 모습을 배경으로 유치원 현관게시판을 꾸민다. 만 3 · 4 · 5세 합동 송별회, 졸업식 등 유치원 교육활동에 관련된 각종 안내사항과 매일의 급 · 간식 식재료 원산지를 게시한다.

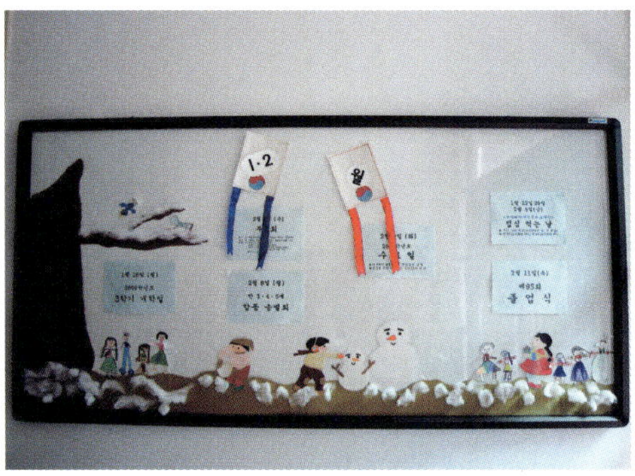

1 · 2월 현관게시판

2) 복도 벽면

1년 동안의 대표적인 유치원 교육과정에 관련된 행사와 활동사진을 월별로 나누어 게시한다. 학급별로 역할을 분담하여 특정 달에 실시한 활동의 사진, 제목, 내용 등을 기록한 종이를 복도 벽면에 게시한다. 유아들이 '1년 동안 지낸 이야기' 를 감상하며 유치원 생활을 되돌아볼 수 있도록 한다.

1년 동안의 유치원 교육과정 관련 행사 및 활동사진

졸업하는 만 5세 유아들이 동생들에게 하고 싶은 말과 만 3 · 4세 유아들이 졸업하는 선배들에게 하고 싶은 말을 기록하여 게시한다. 나무를 배경으로 나뭇잎 모양 종이나 유치원 마크 모양 종이에 각자 하고 싶은 말을 글로 쓰거나 그림으로 그린다. 완성된 종이를 붙여나가며 점차 나무가 무성해지도록 한다. 게시물을 통해 만 5세 유아들은 동생들로부터 졸업을 축하받고, 만 3 · 4세 유아들은 선배들로부터 앞으로의 유치원 생활에 대한 덕담을 들을 수 있게 한다.

졸업하는 형들이 동생들에게 하고 싶은 말과 동생들이 졸업하는 형들에게 하고 싶은 말

2. 실내 환경 : 교실

- 생활주제 : 유치원 졸업과 초등학교 입학
- ○○○반 흥미 영역 배치도 ○○○○학년도 ○월 ○주 ~ ○월 ○주

① 모듬별 책상 배치

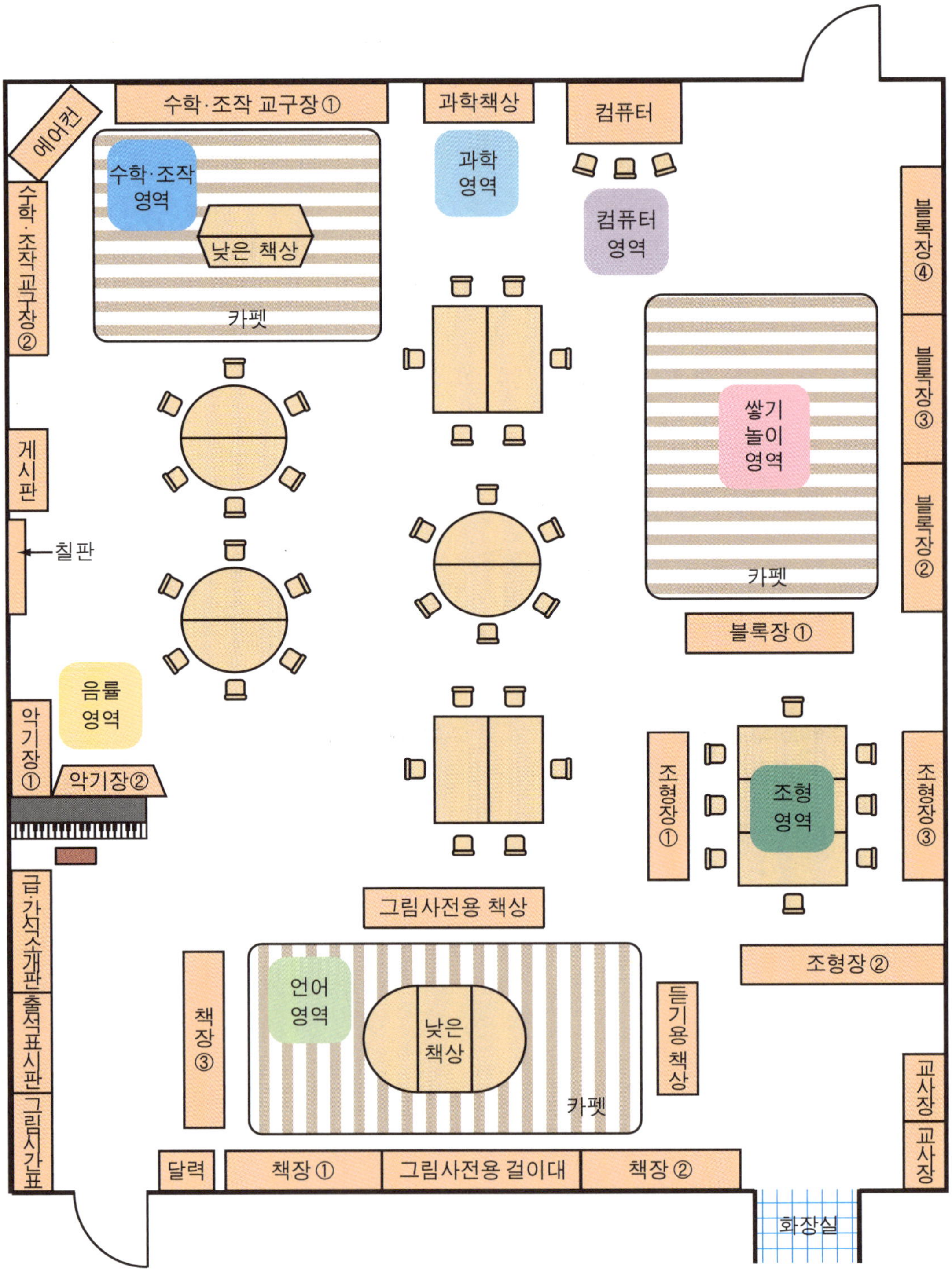

• 생활주제 : 유치원 졸업과 초등학교 입학

• ○○○반 흥미 영역 배치도 ○○○○학년도 ○월 ○주 ~ ○월 ○주

② 분단별 책상 배치

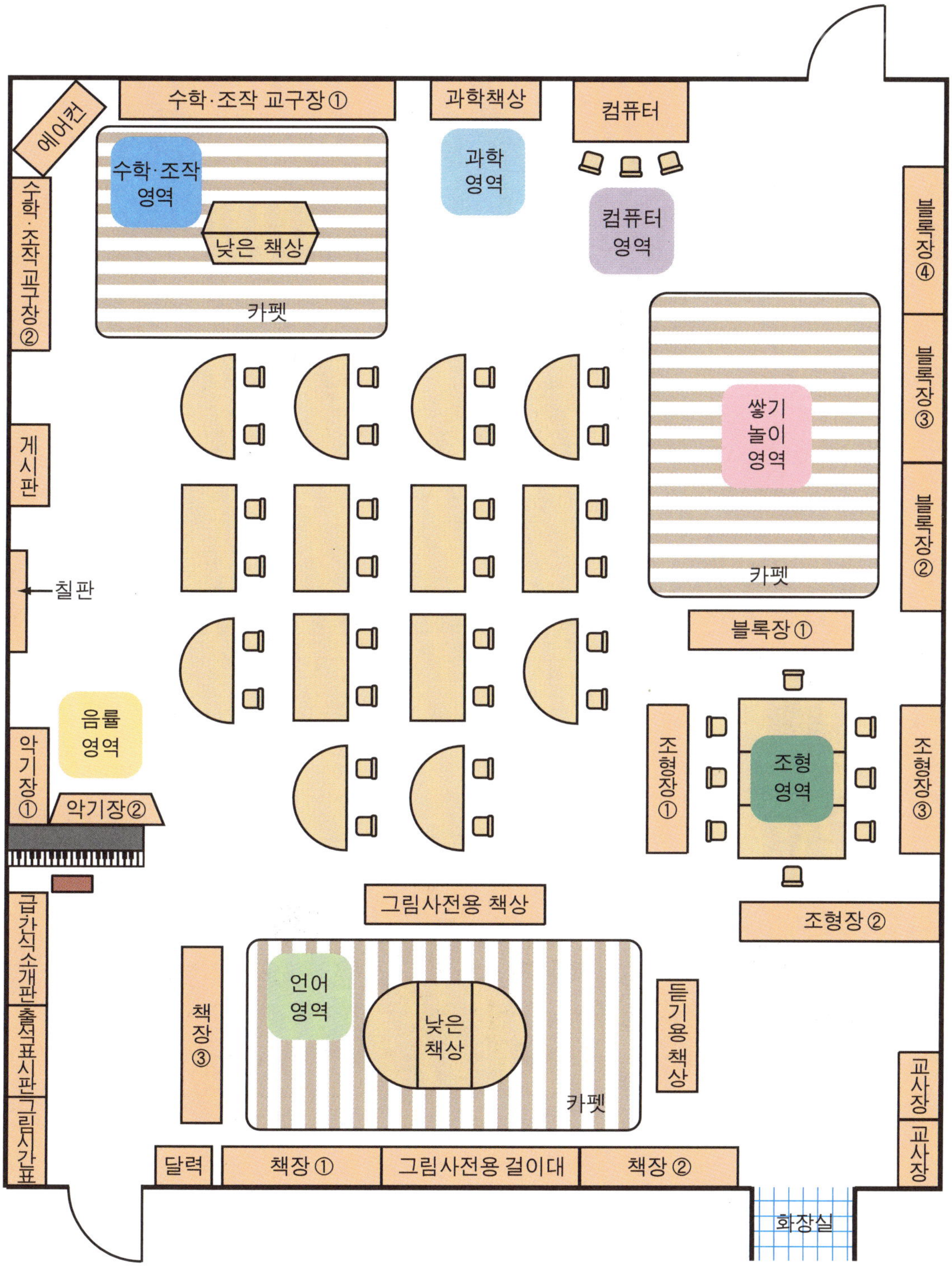

1) 교실 입구, 벽면

(1) 출석표시판

모둠별 출석표시판을 벽면에 게시하고 투명한 비닐로 만든 주머니를 덧대어 출석표시 그림을 주머니에 끼우도록 한다. 출석표시 그림 앞면에는 유아 사진을 붙이고 뒷면에는 유아가 이름을 쓰게 한다. 출석표시 그림의 앞면이 보이도록 끼워두고 유아가 등원한 후 자신의 이름표를 뒤집어 끼워 자신의 출석을 표시하도록 한다.

'유치원 졸업과 초등학교 입학' 생활주제 출석표시판

(2) 교실 환경 구성 및 벽면

유아들이 초등학교 교실 환경에 친숙해지도록 환경을 구성한다. 대집단활동 시 모둠(분단)으로 모여 앉을 수 있도록 모둠(분단) 형태로 책상과 의자를 배치한다. 모둠의 경우 각 모둠마다 유아 이름을 기록한 모둠표시를 부착하고, 분단의 경우 책상마다 유아의 이름을 부착하여 유아들이 자신의 자리를 찾아 앉을 수 있도록 한다.

모둠으로 배치한 모습

분단으로 배치한 모습

교실의 앞면에 칠판을 설치한다. 유아들이 의자에 앉은 자리에서 칠판이 보일 수 있도록 책상과 의자의 높이를 조절한다. 또한 각 모둠의 모둠 당번이 출석생, 결석생 수를 표시할 수 있는 작은 게시판을 준비하고 분필과 칠판지우개, 보드마카펜을 비치한다.

칠판과 출 · 결석을 표시할 게시판

그림시간표에는 각 활동의 시작 시간을 표시한 시계를 붙여 유아들이 시계 보는 방법을 익힐 수 있도록 한다. 또한 교실 벽면에 유아들이 1년 동안의 유치원 생활을 회상하면서 재미있었던 일을 그린 그림을 게시한다.

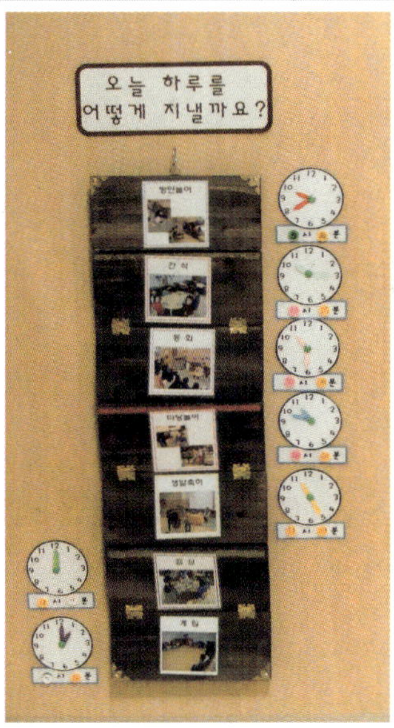

시간을 표시한 그림시간표

2) 흥미 영역

초등학교 교실 환경과 비슷하게 환경을 구성하기 위해 흥미 영역은 교실 중앙에 배치한 책상들을 중심으로 교실 가장자리 쪽으로 수를 줄여 배치한다. 쌓기 놀이 영역, 수학 · 조작 영역, 언어 영역, 과학 영역, 음률 영역, 조형 영역 등으로 영역의 수를 줄인다.

(1) 언어 영역

① 읽기 영역

초등학교 입학을 앞두고 유아들이 초등학교에 관심을 갖고 친숙해지도록 초등학교 생활환경, 선생님과 친구를 대하는 예절, 초등학교 교과과정 등을 소개하는 그림책을 제공한다. 초등학교 1학년 교과서를 읽기 영역에 비치하면 유아들이 자연스럽게 초등학교 교과서에 관심을 가질 수 있다. 벽면에 유치원과 초등학교의 같은 점과 다른 점을 비교한 결과를 게시하여 유아들이 초등학교 생활에 대해 알아볼 수 있도록 한다. 유치원과 초등학교에서 사용하는 물건을 구분하여 밴다이어그램 형태로 게시할 수 있다. 유아들이 새롭게 찾은 것이 있으면 교사가 사진을 준비해 주거나 유아들이 그림을 그리고 글자를 적어 첨가한다. 또한 유아들이 진학할 초등학교 이름과 유아들의 사진을 벽면에 게시한다.

② 쓰기 영역

유아들이 연필을 바르게 잡는 방법을 익히도록 쓰기 영역 벽면에 관련 화보를 게시한다. 유아들이 그림사전 만들때 참고하도록 초등학교 관련 단어 카드를 벽면에 게시하고 글자를 쓰는 획순을 익힐 수 있도록 글자의 각 획 옆에 화살표와 번호로 획순을 기입한다. 초등학교에서 사용하는 물건 그림을 복사해주어 그림사전을 만들 때 사용하게 한다. 유아들이 진학할 초등학교 이름을 그림사전에 써보도록 한다. 또한 글자 도장을 제공하여 유아들이 여러 음소를 조합하여 글자를 구성해볼 수 있게 한다.

쓰기 영역 전경

③ 듣기 영역

교사가 유아들과 함께 낭송한 동시를 녹음한 카세트테이프를 카세트테이프 플레이어, 동시자료와 함께 듣기 자료로 제공한다. 또한 유아들이 유치원에서 즐거웠던 일을 회상하며 그린 그림에 대한 이야기나 진학 예정 초등학교에 대한 소개말, 유치원 생활을 마무리하며 친구들에게 해주고 싶은 이야기 등을 녹음하여 학급 유아들이 들을 수 있도록 한다.

(2) 쌓기 놀이 영역

초등학교 교실을 구성해 볼 수 있도록 나무 블록이나 플라스틱으로 된 책상과 가방, 시계, 책 등의 소품을 제공한다. 벽면에는 초등학교 건물과 교실 내의 환경이 담긴 사진을 게시한다. 작은 크기의 유니트 블록 등 소근육을 정교하게 움직여 구성물을 만드는 블록과 블록으로 만든 구성물로 상상놀이를 할 수 있는 소품을 제시한다.

크기가 작은 블록류와 상상놀이 놀잇감

(3) 수학 · 조작 영역

관찰력과 변별력, 주의력을 기를 수 있는 개인용 조작 교구(예: 비슷한 두 그림을 비교해서 달라진 곳을 찾아 표시하기, 그림자 찾기 등)를 제공한다. 수 개념 학습을 위하여 숫자와 수량을 관계 지을 수 있는 교구나 간단한 셈을 할 수 있는 교구를 제공한다. 또한 시간에 관심을 갖고 시계 읽는 방법을 익힐 수 있도록 시침과 분침을 그릴 수 있는 시계 모형 고무도장과 스탬프 잉크를 제공한다.

수학 · 조작 영역 교구장

(4) 과학 영역

장 담그기 과정의 일환으로 '메주에 핀 곰팡이 닦기', '소금물에 메주 띄우기' 활동을 한 후 곰팡이가 핀 메주를 과학 영역에 제시한다. 유아들이 곰팡이의 색깔, 형태 등을 자세히 관찰하게 한다. 그 동안 실시한 장 담그기 관련 활동사진과 메주를 이용한 음식 등에 대한 화보를 과학 영역 벽면에 게시한다.

곰팡이 핀 메주 관찰하기

(5) 조형 영역

연필, 물에 젖은 분필 등의 필기구를 탐색할 수 있도록 준비한다. 이동식 칠판을 구비하여 유아들이 분필로 그림을 그릴 수 있는 공간을 구성한다.

조형 영역 전경

이동식 칠판

(6) 음률 영역

유치원에서 배우고 불렀던 노래 중에서 유아들이 좋아하는 노래를 선정하여 멜로디를 연주할 수 있도록 색깔로 표시한 악보를 준비한다. 피아노나 키보드, 핸드벨, 실로폰과 같은 멜로디 악기를 함께 제공한다. 이때 각 악기의 같은 음에는 동일한 색깔을 표시한다.

음률 영역 전경

3장

활 동

1. 유치원 생활 돌아보기
2. 초등학교 생활 알아보기
3. 유치원 졸업

★ 주제별 활동 목록

구 분		유치원 생활 돌아보기	초등학교 생활 알아보기	유치원 졸업
자유 선택 활동	쌓기 놀이 영역		초등학교 교실 만들기	
	언어 영역	선생님 · 친구들에게 하고 싶은 말 녹음하여 듣기	친구들과 함께 그림책 읽기 짧은 글짓기	동생들에게 들려주고 싶은 이야기 녹음하기
	수학 · 조작 영역	그룹게임 만들기		
	과학 영역	장 담그기 - 메주에 핀 곰팡이 닦기		
	조형 영역	유치원에서 즐거웠던 일 그리기		졸업 기념 그림 그리기
	음률 영역	○○○반 어린이들이 좋아하는 노래 녹음하여 듣기	내가 가는 초등학교 교가 듣기	
대소 집단 활동	이야기 나누기	유치원에서 재미있었던 일	초등학교 교실처럼 바꾸기 출 · 결석 확인하기 초등학교에 대해 궁금한 점 유치원 졸업생 선배에게 궁금한 점 물어보기 초등학교 교과서 탐색하기 우리가 가는 초등학교	합동송별회 개인장 및 교실 정리하기 졸업식
	동화 · 동극 · 동시	유치원에서 배운 것들(창작동화) 다른 사람 돕기(동화)	초등학교의 기대되는 점과 걱정되는 점(동화) 학교 가는 첫날(동시)	
	노래 · 음악감상 · 악기연주	친구와 헤어질 때(노래)		졸업가(노래)
	율동	○○○반 어린이들이 좋아하는 율동		
	신체		주사위 수만큼 신체 부분을 바닥에 닿게 하기(체육)	
	수학		모둠 나누기	
	과학	장 담그기 - 소금물에 메주 띄우기		
	사회	유치원에 계신 분께 인사드리기	초등학교 작품전시회 다녀오기	

※ 본 교재에 수록된 활동은 만 5세 '유치원 졸업과 초등학교 입학' 생활주제에서 실시하고 있는 교육 활동 중 일부만 소개된 것입니다.

1. 유치원 생활 돌아보기

유치원에서 재미있었던 일 / 유치원에서 즐거웠던 일 그리기
/ ○○○반 어린이들이 좋아하는 노래 녹음하여 듣기
/ ○○○반 어린이들이 좋아하는 율동 / 유치원에서 배운 것들
/ 선생님 · 친구들에게 하고 싶은 말 녹음하여 듣기 / 친구와 헤어질 때
/ 유치원에 계신 분께 인사드리기 / 다른 사람 돕기
/ 장 담그기 – 메주에 핀 곰팡이 닦기
/ 장 담그기 – 소금물에 메주 띄우기 / 그룹게임 만들기

활동 1 유치원에서 재미있었던 일

집단형태

대집단활동

활동유형

이야기나누기

활동자료

일 년 동안의 행사 및 활동사진 자료, 재미있었던 활동과 다시 해보고 싶은 활동 기록지, 칠판, 분필, 지우개

활동목표

- 유치원에서 즐거웠던 일을 회상한다.
- 활동을 기준에 따라 분류한다.
- 다른 사람의 의견을 존중하는 태도를 기른다.

활동방법

○ 사진자료를 보며 일 년 동안 유치원에서 있었던 일을 생각해본다.

- ○월에는 유치원에서 어떤 일이 있었나요?
- 기억에 남는 일이 있었나요?
- 유치원에서 지내면서 어떤 일이 가장 재미있었는지 곰곰이 생각해봅시다.

○ 일 년 동안 유치원에서 재미있었던 놀이, 행사에 대해 이야기를 나눈다.

- ○○는 어떤 일이 가장 재미있었나요? TIP
  - 저는 ○○하는 것이 가장 재미있었어요.
- ○○처럼 ○○가 가장 재미있었다고 생각하는 사람들은 손을 들어보세요. 또 다른 생각을 한 사람이 있나요?

| 예 |

- 방안놀이: 쌓기 놀이(예: 비행기 놀이, 집짓기 놀이, 거북선 만들기 등), 역할 놀이(예: 병원 놀이, 우체국 놀이, 식당 놀이 등), 수학 · 조작 놀이, 악기 놀이(예: 피아노 연주 등), 미술 놀이(예: 종이 접기, 그림 그리기 등)
- 마당놀이: 축구, 물놀이, 모래놀이, 미끄럼틀 타기, 훌라후프 돌리기, 달리기 시합 등
- 각종 현장학습
- 소풍
- 이화가족 가을놀이마당
- 성탄축하회

○ 모둠별로 다시 해보고 싶은 활동을 한 가지씩 정할 것임을 안내한다.

- 각 모둠별로 유치원에서 했던 활동 중에서 다시 해보고 싶은 활동을 한 가지씩 정할 거예요.
- 모둠별로 정한 활동을 다시 한 번 해보기로 합시다.

TIP 모둠별로 이야기한 후에 모둠당번이 모둠원의 생각을 정리하여 대표로 이야기할 수 있다(예: "○○와 △△는 유치원 마당에서 친구들과 노는 것이 재미있었다고 합니다. 그리고 ◇◇는 소풍가서 게임했을 때가 제일 즐거웠다고 합니다. 저는 성탄축하회에서 성극을 한 것이 제일 재미있었습니다.").

- 다시 해보고 싶은 활동을 정할 때 만약 나의 의견과 친구들의 의견이 다르면 어떻게 해야 할까요?
  - 더 많은 사람이 원하는 활동으로 정한다.
  - 양보한다.
  - 가위 · 바위 · 보로 정한다.
- 모둠원들끼리 이야기를 할 때 다른 모둠이 이야기하는 것을 방해하지 않으려면 어떻게 해야 할까요?
  - 자기 모둠의 친구들만 들을 수 있는 적절한 크기의 목소리로 말한다.
  - 여러 명이 한 번에 말하지 말고 순서를 지켜가며 말한다.

○ 모둠별로 일 년 동안 유치원에서 지내면서 가장 재미있었던 활동을 정한다.

○ 각 모둠의 모둠당번이 토의 결과를 발표한다. 모둠당번은 모둠원이 이야기하는 것을 더 주의 깊게 듣는다.

- ○모둠의 모둠당번부터 나와서 모둠원들이 정한 활동을 이야기해봅시다.

○ 유아들이 다시 해보고 싶다고 선정한 활동은 교사가 주간교육계획안에 반영한다. 일정이 확정되면 유아들에게 알려준다.

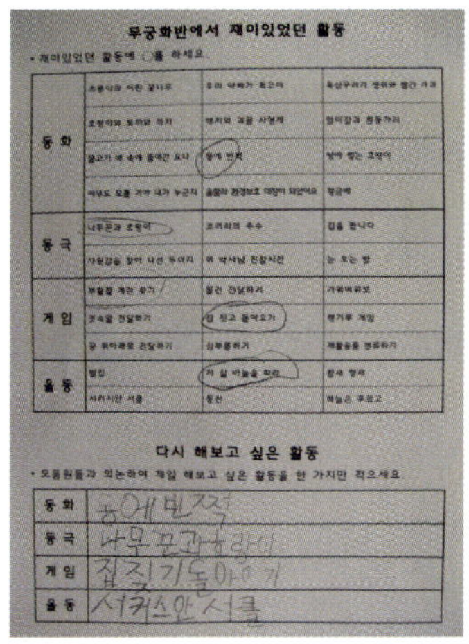

유아들이 기록한 활동기록지의 예

관련활동

- 조형 영역 '유치원에서 즐거웠던 일 그리기' (20쪽 참고)
- 음률 영역 '○○○반 어린이들이 좋아하는 노래 녹음하여 듣기' (21쪽 참고)
- 이야기나누기 '졸업식' (88쪽 참고)

활동 2

유치원에서 즐거웠던 일 그리기

집단형태

자유선택활동

활동유형

조형 영역

활동자료

일 년 동안 유치원에서 이루어진 대표적인 활동 및 행사 사진, 도화지, 각종 그리기 도구(예 : 색연필, 사인펜, 크레파스 등)

TIP '유치원에서 재미있었던 일' 이야기나누기 활동을 한 후 실시하면 더욱 효과적이다.

활동목표

- 1년 동안의 유치원에서의 생활을 회상하고 그림으로 표현한다.
- 유치원에서의 즐거웠던 경험을 타인과 공유한다.

활동방법

○ 사진자료를 보며 일 년 동안 유치원에서 있었던 일을 회상한다. **TIP**
- ○월에는 유치원에서 어떤 일이 있었나요? 어떤 놀이를 했었나요?
- ○○○반에서 친구들, 선생님과 어떤 활동을 했었나요?
- 유치원에서 지내면서 특별히 기억에 남는 일이 있었나요?

○ 1년 동안 유치원에서 지내면서 가장 재미있었던 일을 생각하고 서로 이야기를 나누며 활동을 소개한다.
- 유치원에서 지내면서 어떤 일이 가장 재미있었는지 생각해봅시다.
- ○○는 어떤 일이 가장 재미있었나요?
- 또 다른 생각을 한 사람이 있나요?
- 지금까지 이야기한 것을 그림으로 그려보세요.

○ 교사는 유아들이 그린 그림을 모아 그동안 유치원 생활을 찍은 사진과 함께 벽면에 전시한다. 이때 그림의 내용에 따라 분류하여 제목을 붙여 게시한다.

관련활동

- 이야기나누기 '유치원에서 재미있었던 일' (18쪽 참고)

활동 3 ○○○반 어린이들이 좋아하는 노래 녹음하여 듣기

집단형태
자유선택활동

활동유형
음률 영역

활동자료
화이트보드, 보드마카펜, 녹음기, CD(카세트테이프), CD 플레이어(카세트테이프 플레이어), 피아노 악보, 디지털 피아노, 여러 가지 종류의 악기

활동목표

- 유치원에서 즐겨 부른 노래를 회상한다.
- 즐거운 마음으로 노래를 부른다.

활동방법

○ ○○○반에서 배웠던 노래를 회상한다.
- ○○○반에서 지내는 동안 여러 가지 노래를 함께 배우고 불러 보았어요. 어떤 노래들을 불렀나요?
- 어떤 노래를 가장 좋아하나요?

○ 녹음할 노래를 정한다.
- ○○○반 어린이들이 모두 함께 부른 노래를 방안놀이 시간에 여러 번 들으려면 어떻게 해야 할까요?
  - 함께 녹음을 한다.
  - 방안놀이 시간에 음률 영역에서 녹음한 노래를 듣는다.
- 어떤 노래를 녹음해 볼까요?

○ ○○○반 어린이들이 좋아하는 노래를 부르고 녹음한다.
- 선생님이 녹음 시작 단추를 누르면 다 같이 노래를 불러봅시다.

○ 녹음한 노래를 들으며 평가한다.
- (녹음을 한 후) 녹음한 노래를 같이 들어봅시다.
- (녹음을 한 노래 함께 듣기) 어떻게 하면 더 멋진 노래가 될까요?
  - 악기 연주도 하면서 노래를 부른다.
  - 선생님이 쳐주시는 피아노 반주 소리를 다르게 한다.
- 이 노래를 부를 때는 어떤 악기를 함께 연주하면 좋을까요?
- 선생님이 연주하는 디지털 피아노 소리 중에 어떤 소리가 이 노래와 어울릴까요? TIP 1

○ 평가를 반영하여 노래를 녹음한다.
- ○○○반 어린이들이 이야기한 것처럼 악기를 연주하며 노래를 불러봅시다.

○ 교사가 유아들의 노래를 CD(카세트테이프)에 녹음한다.

○ CD(카세트테이프)에 녹음된 노래를 CD 플레이어(카세트테이프 플레이어)로 유

노래 녹음하기

TIP 1 유아들과 디지털 피아노의 다양한 소리를 탐색한 후 노래의 느낌과 어울리는 소리를 찾아본다. 다양한 소리로 반주한 노래를 녹음한 후 들어보며 비교하는 과정을 거쳐 유아들이 원하는 노래를 선택할 수 있다.

아들과 함께 감상한다.

- ○○○반 어린이들이 부른 노래를 CD(카세트테이프)로 들으니 어떤가요?
  - 재미있다.
  - 계속 듣고 싶다.
  - 다른 사람들에게도 들려주고 싶다.

○ 노래가 녹음된 CD(카세트테이프)를 꾸미는 방법에 대해 이야기 나눈다.

- (CD 또는 카세트테이프 보여주며) 이 CD(카세트테이프)에 아무것도 적혀있지 않으면 이 안에 어떤 노래가 담겨있는지 알 수 있을까요?
  - 알 수 없다.
  - 녹음한 노래를 순서대로 적어놓는다.
- (동요집 CD를 보여주며) 동요가 담긴 CD의 표지에요. 무엇이 있나요?
  - CD의 제목, 노래 제목, 부른 사람
- 우리가 녹음한 CD(카세트테이프)에도 무엇을 적으면 될까요?
  - 노래를 부른 사람, 노래의 제목, CD(카세트테이프)의 제목
- 어떻게 적을 수 있을까요?
  - 네임펜으로 적는다.
  - 그림도 같이 그려서 꾸며준다.

○ 방안놀이 시간에 녹음한 CD(카세트테이프)의 표지에 넣을 글자를 쓰거나 그림을 그린다. TIP 2

TIP 2 유아들이 쓴 글자와 그림을 교사가 편집하여 CD용 라벨지에 출력하여 표지를 제작할 수 있다.

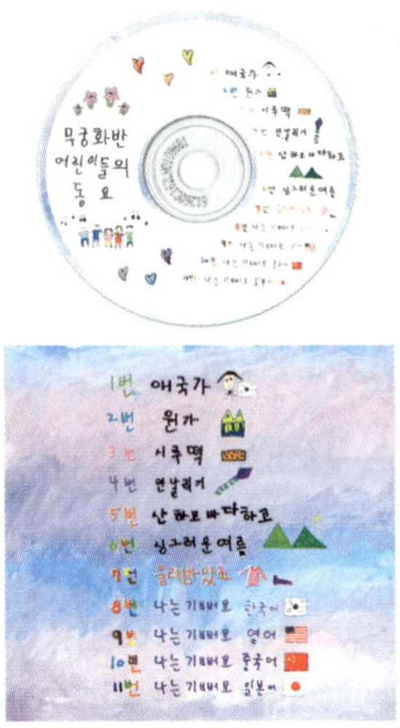
○○○반 어린이들이 좋아하는 노래가 녹음된 CD와 노래목록

○ 방안놀이 시간 동안 음률 영역에서 ○○○반 어린이들이 녹음한 노래를 들어볼 수 있음을 소개한다.

- ○○○반 어린이들이 함께 만든 CD가 완성되었어요.
- 방안놀이 시간에 음률 영역에서 들어볼 수 있어요.

유의점

- 유아들이 녹음한 것을 직접 들어보고 수정 · 보완할 점을 평가하여 다시 녹음하는 과정을 반복하며 여러 차시에 걸쳐 활동을 실시한다.

확장활동

- 유아들이 만든 CD(카세트테이프)는 학급에 비치하여 유아들이 자유롭게 들어보게 하거나 방안놀이 시간에 배경 음악으로 틀어준다. CD(카세트테이프)를 복사하여 형이 되는 동생들에게 선물할 수 있다.

관련활동

- 이야기나누기 '유치원에서 재미있었던 일' (18쪽 참고)
- 율동 '○○○반 어린이들이 좋아하는 율동' (23쪽 참고)

활동 4

○○○반 어린이들이 좋아하는 율동

집단형태
대집단활동

활동유형
율동

활동자료
피아노 악보, 음악이 녹음된 카세트테이프, 카세트테이프 플레이어

활동목표

- 1년 동안 배웠던 율동을 회상한다.
- 음악을 들으며 패턴화된 율동을 즐긴다.

활동방법

○ 유희실에 유아들과 함께 모여 앉는다.

○ ○○○반에서 재미있게 했던 율동들에 대해 이야기 나눈다.

- 그 동안 ○○○반에서 여러 율동을 배웠어요.
- 어떤 율동들을 배웠나요?
- 오늘은 우리가 배웠던 율동 중에 가장 재미있었던 율동들을 다시 해 볼 거예요.
- 어떤 율동을 다시 해보고 싶나요?
- ○○율동에서 어떤 동작이 재미있었나요? 누가 나와서 보여 줄 수 있나요?

○ 원하는 유아들이 나와서 율동을 한다.

- ○○율동을 하고 싶은 사람들은 나와서 함께 율동해봅시다.
- 이와 같은 방법으로 유아들이 이야기한 율동들을 함께 해본다.

○ 모두 함께 2명이 짝이 되어 율동(예 : 둘이 살짝 손잡고, 춤을 춥시다 등)을 한다. 이후 4명, 8명씩 인원을 늘려가며 율동(예 : 복남이를 보았네, 달팽이 집을 지읍시다 등)을 한다.

○ 제자리에 앉아 스트레칭을 한다.

관련활동

- 이야기나누기 '유치원에서 재미있었던 일' (18쪽 참고)
- 음률 영역 '○○○반 어린이들이 좋아하는 노래 녹음하여 듣기' (21쪽 참고)

활동 5

유치원에서 배운 것들

집단형태

대집단활동

활동유형

창작동화 · 이야기나누기

활동자료

화이트보드, 보드마카펜, 도화지, 그리기 도구(예 : 색연필, 사인펜 등)

활동목표

- 유치원 생활을 회상한다.
- 유치원에 다니면서 배운 것을 안다.
- 생각과 느낌을 언어와 그림으로 표현한다.

활동방법

○ 졸업을 앞두고 드는 생각이나 느낌을 이야기 나눈다.

- 유치원을 얼마 동안 다녔나요?
- 유치원을 졸업한다고 생각하면 어떤 기분이 드나요?
  - 섭섭하다, 슬프다, 아쉽다, 초등학교에 가니 기쁘다.

○ 유치원 생활을 회상하며 유치원에서 배운 것들에 대해 이야기 나눈다.

- 유치원에 다니면서 무엇을 하는 것이 가장 좋았나요?
  - 방안놀이를 하는 것이 가장 좋았다.
  - 마당놀이가 제일 좋았다.
  - 선생님이 동화를 들려주시는 것이 좋았다.
- 유치원에서 하기 힘들거나 어려운 일도 있었나요? 무엇인가요? 왜 그렇게 생각했나요?
  - 점심식사 시간에 밥을 먹는 것이 힘들었다. 집에서는 먹고 싶은 반찬을 마음껏 먹을 수 있는데 유치원에서는 먹기 싫은 반찬도 다 먹어야 하는 것이 힘들었다.
  - 바르게 앉아있는 것이 어려웠다. 움직이고 싶은 마음을 참고 가만히 있어야 하는 것이 힘들었다.
- 예전에는 하기 어려웠지만 유치원에서 배워서 할 수 있게 된 것이 있나요? 무엇인가요?
  - 몰랐던 노래를 많이 알고 부를 수 있다.
  - 혼자서 그림책을 볼 수 있다.
  - 그림을 더 멋지게 그릴 수 있다.
  - 블록으로 멋진 공룡을 만들 수 있다.
  - 밥과 반찬을 골고루 먹을 수 있다.

- 의자에 바른 자세로 앉을 수 있다.
- 친구들과 사이좋게 놀 수 있다.
- 부모님 말씀을 잘 들을 수 있다.

○ 유치원에 다닌 이유에 대해 이야기를 나눈다.

■ 유치원은 어떤 곳인가요?

- 5살부터 7살까지, 초등학교에 가기 전의 어린이를 위하여 세운 학교이다.

■ ○○○반 어린이들은 왜 유치원에 다녔을까요? 부모님들께서 왜 유치원에 보내주셨을까요?

- 부모님께서 우리를 사랑하시기 때문에 보내주셨다.
- 똑똑한 어린이가 되라고 보내주셨다.
- 친구들과 함께 재미있게 놀라고 보내주셨다.
- 예의 바른 어린이가 되라고 보내주셨다.
- 유치원에서 많은 것들을 배우라고 보내주셨다.

○ '유치원에서 배운 것들' 동화 만들기를 계획한다.

■ ○○○반 어린이들이 말한 유치원에서 배운 것들을 그림으로 그리고 이야기를 적어봅시다.

○ '유치원에서 배운 것들' 에 관련된 그림을 그리고 이야기를 적는다.

○ 유아들의 그림과 글을 교사가 파워포인트 동화 자료로 제작한다.

○ '유치원에서 배운 것들' 동화를 감상한다.

■ ○○○반 어린이들이 그린 그림과 이야기를 모아 '○○○반 어린이들이 유치원에서 배운 것들' 동화를 만들었어요. 함께 동화를 감상해봅시다.

○ '유치원에서 배운 것들' 동화를 다른 사람들과도 함께 감상한다.

■ ○○○반 어린이들이 만든 '○○○반 어린이들이 유치원에서 배운 것들' 동화를 또 누구에게 보여주고 싶나요?

- 부모님, 동생반 어린이들, 내년에 ○○○반이 될 어린이들

■ 어떻게 함께 볼 수 있을까요?

- 동화를 책으로 만들어서 동생반 어린이들에게 선물해준다.
- 내년에 ○○○반이 될 어린이들을 위해 남겨둔다.

관련활동

■ 이야기나누기 '유치원에서 재미있었던 일' (18쪽 참고)

■ 언어 영역 '선생님 · 친구들에게 하고 싶은 말 녹음하여 듣기' (26쪽 참고)

■ 언어 영역 '동생들에게 들려주고 싶은 이야기' (78쪽 참고)

활동 6 선생님 · 친구들에게 하고 싶은 말 녹음하여 듣기

집단형태
대집단활동

활동유형
언어 영역

활동자료
녹음기, 카세트테이프, 녹음용 소형 마이크

활동목표

- 유치원에서 함께 지낸 친구들에게 고마운 마음을 갖는다.
- 자신의 생각을 언어로 표현해본다.

활동방법

○ 원대형으로 모여 앉아 활동을 소개한다.

- 이제 ○일이 지나면 졸업을 해요. 유치원을 졸업하면 선생님과 친구들을 만날 수 있나요?
  - 만나지 못한다.
- 선생님, 친구들을 자주 보지 못한다고 생각하니 어떤 마음이 드나요?
  - 아쉽다.
  - 슬프다.
  - 선생님, 친구들과 즐겁게 지냈던 일들이 생각난다.
  - 가끔씩 만나 같이 놀고 싶다.
- 그 동안 ○○○반에서 함께 지낸 친구나 선생님에게 하고 싶은 말을 녹음해서 들어볼 거예요.

○ 녹음 방법에 대해 이야기한다.

- 방안놀이 시간에 선생님과 함께 녹음해봅시다.
- 한 손은 녹음기를, 다른 한 손은 마이크를 잡고 녹음 준비를 하세요.
- 선생님이 '녹음' 버튼을 누르면 준비한 말을 하세요.

○ 선생님과 친구들에게 하고 싶은 말을 녹음한다.

- 선생님과 친구들에게 무슨 말을 해줄까요?
  - 너희들이랑 같이 축구 할 때가 재미있었어.
  - 학교 가서도 공부 열심히 하고 건강하게 잘 지내.
  - 친구들이랑 사이좋게 지내.
  - 선생님, 그 동안 가르쳐주셔서 감사합니다.

○ 교사가 유아들에게 하고 싶은 말을 녹음한다.

- 선생님도 ○○○반에게 하고 싶은 말이 녹음할게요.
  - 친구들을 도와주는 사람이 됩시다.

- 옳다고 생각한 것은 행동으로 실천하도록 노력합시다.
- 늘 무엇이든지 열심히 하기 위해 노력합시다.
- 부모님과 선생님 말씀 잘 듣고 항상 감사하는 마음으로 지냅시다.

○ 녹음한 카세트테이프는 카세트테이프 플레이어와 함께 언어 영역에 제시하여 유아들이 들어볼 수 있도록 한다.

관련활동

- 이야기나누기 '유치원에서 재미있었던 일' (18쪽 참고)
- 이야기나누기 '합동송별회' (80쪽 참고)
- 사회 '유치원에 계신 분께 인사드리기' (30쪽 참고)

활동 7 친구와 헤어질 때

집단형태

대집단활동

활동유형

노래

활동자료

노랫말자료, 게시판

활동목표

- 유치원을 졸업하고 초등학교에 가게 됨을 안다.
- 유치원에서 함께 지낸 친구들에게 고마운 마음을 갖는다.

활동방법

○ 유아들이 반 친구들과 함께 했던 일들을 회상한다.

- 지난 1년 동안 ○○○반에서 친구들과 무엇을 하며 지냈나요?
- 무엇을 하는 것이 가장 재미있었나요?
- 가장 기억에 남는 일은 무엇인가요?
- 그 일을 생각하면 어떤 기분이 드나요?
- 그 마음을 친구들에게 어떻게 표현할 수 있을까요?
  - 함께 재미있게 놀아주어서 고맙다고 말한다.
  - 안아준다.
- 옆에 앉은 친구에게 '고맙다' 고 말하며 꼭 안아주세요.

○ 졸업을 맞이하며 느끼는 점에 대해 이야기를 나눈다.

- 2월 ○일은 무슨 날인가요?
  - 졸업식
- 졸업을 할 생각을 하니 어떤 생각이 드나요?
  - 초등학교에 갈 생각에 마음이 설렌다.
  - 친구들, 선생님과 만나지 못해 섭섭하다.
- 그 동안 함께 지냈던 친구들과 헤어질 생각을 하니 어떤 마음이 드나요?
  - 섭섭하다.
  - 친구들이 그립고 보고 싶을 것이다.
- 친구들과의 헤어짐을 아쉬워하며 만든 노래가 있어요. 잘 들어보세요.

○ 교사가 노래를 불러준다.

○ 교사와 유아들이 함께 노래를 부른다.

관련활동

- 이야기나누기 '졸업식' (88쪽 참고)
- 언어 영역 '선생님 · 친구들에게 하고 싶은 말 녹음하여 듣기' (26쪽 참고)

악보

친구와 헤어질 때

작사 · 곡 김진영

활동 8 유치원에 계신 분께 인사드리기

집단형태
대집단활동

활동유형
사회

활동자료
칠판, 분필

활동목표

- 유치원 선생님들과 직원들이 어린이들을 위해 해주신 일들을 안다.
- 유치원 선생님들과 직원들께 감사하는 마음을 갖고 표현한다.

활동방법

○ 선생님과 친구들에게 하고 싶은 말 내용을 회상한다.
- 1년 동안 함께 지낸 선생님과 친구들에게 하고 싶은 말을 녹음해서 들어보았어요.
- 선생님, 친구들에게 뭐라고 말했나요?
- 선생님, 친구들은 뭐라고 말했나요?

○ 유치원에 계신 감사한 분들에 대해서 이야기를 나눈다.
- 유치원에서 어린이들이 즐겁게 생활할 수 있도록 도와주신 분들이 누구신가요? 어떻게 도와주셨나요?
  - 원장선생님 : 좋은 말씀을 많이 들려주셨다. 좋은 책과 놀잇감을 준비해주시고 유치원을 다니기 좋게 만들어주셨다.
  - 원감선생님 : 좋은 말씀을 많이 들려주셨다. 아플 때 돌보아주셨다.
  - 다른 반 선생님 : 동생 반이었을 때 우리들을 가르쳐주셨다.
  - 서무 선생님 : 유치원에 필요한 물건을 살 수 있도록 돈을 관리해주셨다.
  - 조리사 : 맛있는 간식과 점심을 만들어주셨다.
  - 유치원을 관리해주는 분 : 유치원을 안전하게 지켜주셨다. 고장 난 놀잇감을 고쳐주시거나 필요한 것들을 만들어주셨다.
- 원장선생님(원감선생님, 다른 반 선생님, 서무 선생님, 조리사 선생님, 유치원을 관리해주시는 분 등)께 어떤 마음이 드나요?
  - 감사한 마음이 든다.
- 졸업하기 전에 원장선생님(원감선생님, 다른 반 선생님, 서무 선생님, 조리사 선생님, 유치원을 관리해주시는 분 등)께 찾아가 감사 인사를 드립시다.
- 선생님들께 어떤 인사 말씀을 드릴까요?

○ 유치원을 돌아다니며 유치원에 계신 감사한 분들께 감사 인사를 드린다.

유치원에 계신 분께 인사드리기

유의점

- 본 활동은 졸업식 전 날 실시한다. 학급 간 인사를 드리러가는 시간과 동선이 겹치지 않도록 사전에 순서를 계획한다. 교사는 전날 유아들이 방문할 장소에 계시는 분들(예: 원장선생님, 원감선생님, 각반 담임교사, 조리사 등)에게 방문 허락을 받고 유아들에게 들려줄 이야기를 부탁해 놓는다.

관련활동

- 언어 영역 '선생님 · 친구들에게 하고 싶은 말 녹음하여 듣기' (26쪽 참고)
- 이야기나누기 '합동송별회' (80쪽 참고)
- 이야기나누기 '졸업식' (88쪽 참고)

활동 9

다른 사람 돕기

집단형태

대집단활동

활동유형

동화

활동자료

동화자료, 어려운 이웃을 돕는 모습이 담긴 사진이나 관련자료

활동목표

- 도움이 필요한 사람을 도와주는 태도를 갖는다.
- 다른 사람을 도와주는 방법을 알고 실천한다.

활동방법

○ '기도하는 손' 동화를 들려준다.

- 어려운 이웃을 도와준 사람에 대한 동화가 있어요. 어려운 상황에 처한 사람을 어떻게 도와주었는지 동화를 함께 봅시다.

○ 동화의 내용을 회상한다.

○ 다른 사람을 도와준 경험에 대해 이야기를 나눈다.

- ○○○반 어린이들은 다른 사람을 도와준 적이 있나요? 어떻게 도와주었나요?
  - 뛰어가다 넘어진 친구의 손을 잡아 일어나는 것을 도와줬다.
  - 글자를 잘 모르는 친구에게 글자를 가르쳐주었다.
  - 놀이 방법을 모르는 친구(동생)에게 친절하게 놀이 방법을 설명해주고 같이 놀아주었다.
  - 엄마에게 동생의 우유병을 가져다주었다.
  - 할머니 심부름을 해드렸다.

○ 다른 사람 돕기를 실천하기로 한다.

- 오늘 하루 동안 주변에 도움이 필요한 사람이 있는지 생각하고 도움을 주기로 합시다.
- 집에 가는 시간에 누구를 어떻게 도왔는지 이야기 나누어 볼 거예요.

동화

기도하는 손

1.

그림 그리기를 좋아하는 두 친구가 있었습니다.
"우리 똑같이 공부해서 똑같이 훌륭한 그림을 그리자."
두 친구는 매일 이렇게 약속했습니다.

2.

그런데 두 친구는 아주 가난했습니다. 먹을 것을 살 돈도 없었습니다. 그래서 더 이상 그림을 그릴 수가 없게 되었습니다. 그림을 그리려면 물감도 사야 하고, 붓도 사야 하고, 또 종이도 사야했기 때문입니다.

3.

그 때 한 친구가 말했습니다.
"좋은 생각이 났어."
"그게 뭔데?"
다른 친구가 물었습니다.
"넌 그림 공부를 계속하는 거야, 알베르토. 그 동안 난 일을 해서 돈을 벌게."

4.

그러자 알베르토는,
"무슨 소리야? 너는 일을 하는데, 나 혼자만 그림을 그리라고? 그럴 수는 없어."
"걱정 마, 네가 그림 공부를 끝내면 그 때는 내가 공부를 할 수 있잖아? 그 때는 네가 나를 도우면 돼."
친구는 이렇게 말했습니다.

5.

다음날부터 그 친구는 열심히 일을 했습니다.

6.

친구가 돈을 벌어 도와주는 덕분에 알베르토도 학교에서 열심히 그림 공부를 했습니다.

7.

이제 알베르토는 유명해졌습니다. 많은 사람들이 돈을 주고 그의 그림을 샀습니다. 이제 알베르토는 친구를 도울 수 있을 만큼 돈이 생겼습니다.

8.

알베르토는 친구에게 말했습니다. "자, 이제는 네가 마음껏 그림 공부를 할 차례야."

9.

그런데 이 일을 어쩌면 좋을까요? 친구는 그림을 그리려다가 깜짝 놀랐습니다.

10.

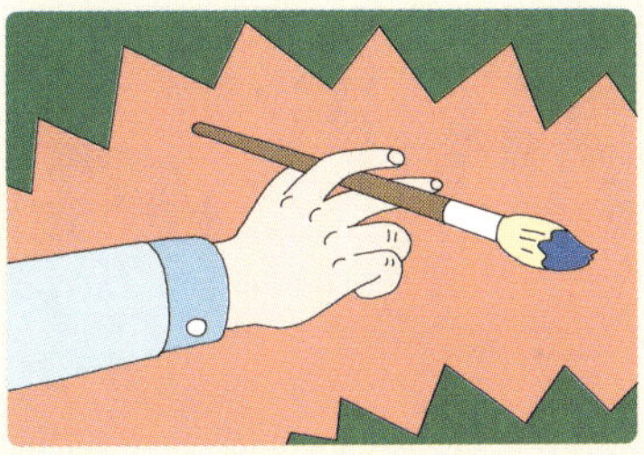

친구는 일을 너무 많이 해서 손이 굳어버리고 말았습니다. 그래서 그림을 그릴 수 없는 손이 되었던 것입니다.

11.

"으흐흑! 난 이제 그림을 못 그리게 되었어. 오! 하나님!"

12.

그때 친구는, "아! 그래 맞아. 이 두 손으로 일을 했기 때문에 알베르토가 훌륭한 그림을 그릴 수 있었지!"

13.

그리고 기도를 드렸어요. "하나님, 감사합니다. 이제는 알베르토가 더 좋은 그림을 그릴 수 있도록 기도하겠습니다."

14.

이 모습을 본 알베르토는 친구가 너무 고마워서 눈물을 흘렸습니다.

15.

그리고 방으로 돌아와 자기를 위해 기도해 주던 친구의 손을 그림으로 그리기 시작했어요.

16.

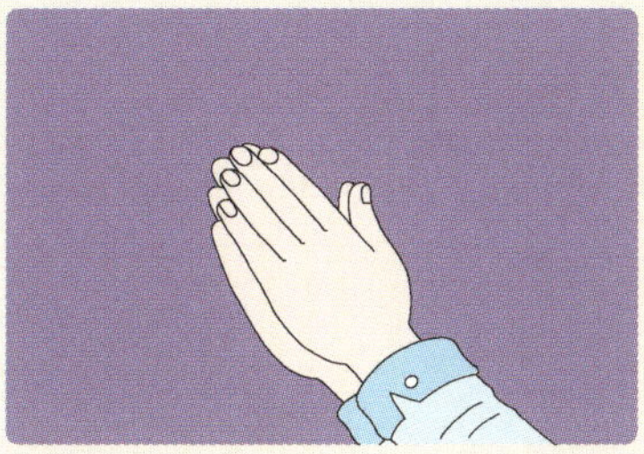

이것이 바로 그 유명한 그림인 '기도하는 손' 입니다. 이 그림은 아직도 많은 사람들이 사랑하는 훌륭한 그림입니다.

활동 10 장 담그기 - 메주에 핀 곰팡이 닦기

집단형태

자유선택활동

활동유형

과학 영역

활동자료

메주, 큰 대야, 체반, 솔, 성인용·어린이용 일회용 장갑

활동목표

- 장 담그는 방법을 안다.
- 메주에 핀 곰팡이의 기능을 안다.
- 계절의 변화에 따른 사람들의 생활양식을 안다.

활동방법

○ 메주를 빚어서 말렸던 경험을 회상한다.

- 지난 가을에 메주콩으로 무엇을 만들었나요?
  - 메주
- 메주를 어떻게 만들었나요?
  - 콩을 골라서 물에 불리고 삶았다.
  - 삶은 메주콩을 절구에 넣고 찧었다.
  - 찧은 콩을 모아서 메주 모양으로 만들었다.
  - 메주의 앞면과 뒷면을 말렸다.
  - 지푸라기로 묶어 매달아 겨울방학 동안 말렸다.

○ 마른 메주를 탐색하고 곰팡이를 소개한다.

- 지푸라기로 묶어 매달아 말린 메주를 꺼내왔어요.
- 말리기 전과 어떻게 다른가요?
  - 딱딱해졌다.
  - 냄새가 난다.
  - 겉면이 갈라져 있다.
  - 갈라진 사이로 흰색, 노란색, 푸른색, 검은색의 솜털 같은 것이 끼어있다.
- 이것은 '곰팡이' 라고 해요. 곰팡이는 메주로 된장과 간장을 만들 때에 좋은 맛을 낼 수 있게 해줘요.
- 메주의 맛을 좋게 해주는 곰팡이는 흰색, 노란색 곰팡이에요. '누룩곰팡이' 라고 해요.
- 곰팡이 중에는 우리 몸에 해로운 곰팡이도 있어요. 푸른색, 검은색 곰팡이에요.
- 메주를 간장과 된장으로 만들기 전(소금물에 넣기 전)에 몸에 해로운 곰팡이를 깨끗이 씻어내야 해요. 누룩곰팡이도 더 이상 자라지 않도록 잘 씻어내도록 합시다.

○ 방안놀이 시간에 솔로 메주를 닦는다.

- 장갑을 끼고 솔로 메주의 겉면을 깨끗하게 닦아주세요. 깨끗하게 닦은 메주는 물기가 잘 마르도록 채반 위에 올려놓으세요.

메주에 핀 곰팡이 닦기

○ 장 만들기의 다음 과정에 대해 안내한다.

- ○월 ○일에는 깨끗하게 닦은 메주를 항아리에 차곡차곡 담고 소금물을 부을 거예요.

관련활동

- 과학 '장 담그기 - 소금물에 메주 띄우기' (40쪽 참고)
- 과학 '장 담그기 - 메주빚기' (생활주제 '가을' 42쪽 참고)

활동 11

장 담그기 - 소금물에 메주 띄우기

집단형태

대집단활동

활동유형

과학

활동자료

곰팡이를 닦은 메주, 항아리, 소금물 TIP 1 , 고추, 대추, 숯, 염도계, 날계란, 망(예: 양파망, 조직이 빽빽한 그물망 등), 대나무

TIP 1 소금은 천일염을 사용한다. 소금을 끓인 물에 4:1의 비율로 녹이고 하루 동안 두어 천일염에서 나온 찌꺼기를 제거한다.

TIP 2 늦겨울이나 초봄(2~3월)에 소금물에 메주 띄우는 활동을 실시한다.

TIP 3 메주를 양파망이나 그물망에 담은 채로 항아리 안에 넣으면 된장과 간장으로 분리하기 쉽다.

활동목표

- 장 담그는 과정을 이해한다.
- 계절의 변화에 따른 사람들의 생활양식을 안다.

활동방법

○ 만 5세 학급 유아들이 함께 모인다. TIP 2

- 장을 담그기 위해 각 반에서 메주를 어떻게 했나요?
  - 솔로 문질러서 깨끗하게 닦았다.
- 깨끗하게 닦은 메주를 어떻게 한다고 했나요?
  - 소금물에 담근다.
  - 항아리 안에는 고추, 숯도 함께 넣는다.

○ 소금물에 메주를 띄우는 데에 필요한 도구와 재료들을 살펴본다.

- 어떤 것들이 있나요?
  - 항아리, 메주, 고추, 대추, 숯 등
- 깨끗하게 씻어서 말린 항아리와 소금물, 숯, 고추, 메주 그리고 대나무가 있어요.

○ 메주를 항아리 안에 넣는다. TIP 3

- 먼저 잘 닦은 메주를 항아리 안에 넣을게요.

○ 소금물의 염도를 확인하는 방법에 대해 이야기 나눈다.

- 다음으로 무엇을 부어야 할까요?
  - 소금물
- 이 소금물은 선생님이 메주를 띄울 수 있도록 만들어 놓은 거예요.
- 메주를 잘 띄우기 위해서는 소금물에 적당한 양의 소금을 넣어야 해요. 소금물에 소금이 많이 들어가면 간장과 된장이 짜게 만들어지고, 적게 들어가면 간장과 된장이 완성되기 전에 썩게 돼요.
- 소금이 적당히 들어갔는지 알 수 있는 방법이 있어요.
  - 소금물의 짠 정도를 측정하는 염도계를 사용한다.
  - 날계란을 소금물에 넣어서 알아본다.

○ 소금물을 염도계로 측정해본다.

- 소금물 안에 소금이 적당히 들어가 있는지 알아보기 위한 기계를 '염도계' 라고

불러요. 염도계의 숫자가 18~20도를 가리키면 메주를 띄우기에 적당한 소금물이에요.

○ 소금물에 날계란을 띄워본다.

- 날계란을 이용해서 알아볼 수도 있어요. 소금물 위에 계란을 넣으면 어떻게 될까요?
  - 계란이 물에 뜬다.
- 날계란이 소금물 위에 떴을 때 물 위로 나오는 부분이 500원짜리 동전 정도 크기면 소금이 적당히 들어간 거예요.

○ 항아리 안에 소금물을 붓는다.

- 항아리 안에 소금물을 부을게요.

○ 고추와 대추, 숯을 넣고 대나무를 끼운 후 항아리 뚜껑을 닫는다.

- 소금물을 부은 다음에는 또 넣을 것이 있어요.
  - 고추, 대추, 숯
- 고추, 대추, 숯은 장이 발효가 잘 되도록 도와주고 장맛을 좋게 해줘요.
- 항아리 안에 넣은 재료들이 소금물 위로 떠오르지 않도록 대나무를 넣어서 누른 다음 항아리 뚜껑을 닫을 거예요.

항아리에 소금물 붓기

○ 장 만들기의 다음 과정에 대해 안내한다.

- 오늘부터 50일 동안 잘 숙성시킨 후에 간장과 된장을 나눌 거예요.
- 항아리에 넣은 메주는 체로 걸러내어 된장으로 만들고 검게 남은 물은 간장으로 만들 거예요.

○ 항아리를 유치원 뒷마당에 놓아둘 것임을 안내한 후 각 학급 유아들이 교실로 돌아간다.

관련활동

- 과학 '장 담그기 - 메주에 핀 곰팡이 닦기' (38쪽 참고)
- 과학 '장 담그기 - 메주빚기' (생활주제 '가을' 42쪽 참고)

활동 12

그룹게임 만들기

집단형태
자유선택활동 · 소집단활동

활동유형
수학 · 조작 영역

활동자료
게임판, 주사위, 게임 말, 네임펜

TIP 계획하기 시간이나 대집단 활동의 주의집중 시간, 전이 시간을 활용하여 소개한다.

활동목표

- 그룹게임의 방법을 알고 게임 창작에 적용한다.
- 놀이 과정에 적극적으로 참여한다.

활동방법

○ 소집단으로 모여 활동을 소개한다.

- (빈 게임판, 주사위, 말을 보여주며) 이런 놀잇감으로 게임을 해본 적 있나요?
  - 각자 말을 정하고 주사위를 던지거나 돌림판을 돌려서 나온 숫자만큼 말을 움직인다.
  - 글자가 적혀 있는 칸에 말이 도착하면 그 칸에 쓰인 글대로 한다.
- 이 게임판에는 출발점부터 도착점까지 칸만 그려져 있고 다른 칸에 아무것도 적혀 있지 않아요. 우리가 지시 사항을 정해서 게임판을 완성해봅시다.

○ 유아들과 다양한 지시 사항을 정하여 게임판과 주사위를 완성한다.

- 게임판의 칸에 어떤 내용을 넣으면 좋을까요?
  - 뒤로 3칸 가기, 앞으로 2칸 가기, 출발점으로 돌아가기 등을 넣는다.
- 칸을 움직이는 것 이외에 재미있는 지시를 만들 수 있어요.
  - 선생님께 인사하고 오기
  - 노래 부르기
  - 수수께끼 내기
- 우리가 이야기한 것들을 게임판의 빈 곳에 적어봅시다.

○ 대집단으로 모여 유아들이 만든 수학 · 조작 게임 교구를 소개한다. **TIP**

- ○○○반 어린이들이 방안놀이 시간에 그룹게임을 만들었어요. 누가 게임 방법을 설명할 수 있나요?
- 이 게임은 수학 · 조작 영역에 놓아둘 테니 방안놀이 시간에 해보세요.
- 게임을 하다가 잘 모르는 점이 있으면 게임을 만든 어린이들에게 물어보세요.
- 새로운 게임 방법이 생각 난 사람들은 선생님과 함께 게임을 만들어봅시다.

○ 방안놀이 시간에 게임을 한다.

확장활동

- 유아들이 그룹 게임 만들기 활동에 흥미를 갖고 적극적으로 참여할 경우 다양한 형태의 게임판을 만들어볼 수 있다. 본 활동의 경우 교사가 게임판의 전체적인 윤곽을 만들고 유아가 게임 판의 내용을 완성하는 수준에서 실시하도록 계획된 것이다. 유아들이 본 활동에 익숙해지면 유아 스스로 형식과 내용을 정하여 게임판을 만들 수 있다.

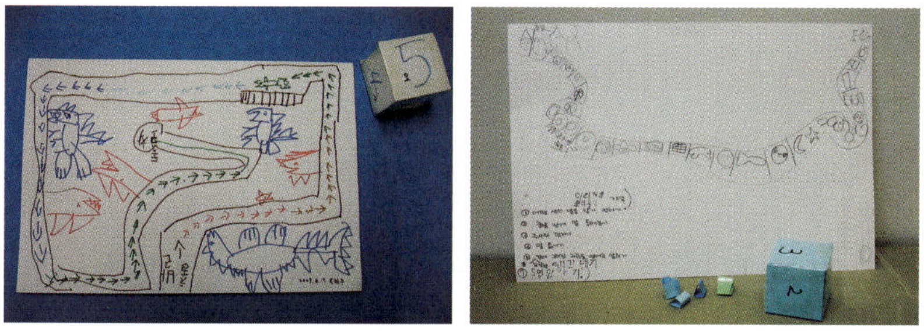

유아들이 만든 그룹게임 자료

2. 초등학교 생활 알아보기

초등학교 교실처럼 바꾸기 / 출 · 결석 확인하기 / 모둠 나누기 / 초등학교 교실 만들기 / 초등학교에 대해 궁금한 점 / 유치원 졸업생 선배에게 궁금한 점 물어보기 / 초등학교 교과서 탐색하기 / 우리가 가는 초등학교 / 내가 가는 초등학교 교가 듣기 / 초등학교의 기대되는 점과 걱정되는 점 / 초등학교 작품전시회 다녀오기 / 학교 가는 첫날 / 친구들과 함께 그림책 읽기 / 짧은 글짓기 / 주사위 수만큼 신체 부분을 바닥에 닿게 하기

활동 1

초등학교 교실처럼 바꾸기

집단형태

대집단활동

활동유형

이야기나누기

활동자료

초등학교 교실환경 사진, 모둠표시, 개인 자리표시, 모둠 당번 표시용 게시판, 분필, 칠판 지우개, 보드마카펜

활동목표

- 유치원을 졸업하고 초등학교에 가게 됨을 안다.
- 유치원과 초등학교의 같은 점과 다른 점을 안다.
- 초등학교 교실환경에 관심을 갖는다.

활동방법

| 초등학교에서 모여 앉는 방법 이야기 나누기 |

○ 초등학교 교실환경 사진을 보며 모둠과 분단에 대해 이야기를 한다.

- 초등학교 교실을 본 사람 있나요?
- 초등학교의 교실은 유치원의 교실과 어떻게 다른가요?
  - 칠판이 있다.
  - 학생들 각자의 책상과 선생님의 책상이 있다.
  - 놀이 영역이 없다.
  - 놀잇감이 없다.
- (모둠으로 모여 앉은 교실환경 사진을 보며) 초등학교 교실에 책상이 놓인 모습을 봅시다. 어떻게 놓여 있나요?
  - 책상 여러 개가 모여 있다.
- 한 반의 어린이들을 몇 사람씩 나누어 모이도록 한 것을 '모둠' 이라고 해요.
- (분단으로 모여 앉은 교실환경 사진을 보며) 책상이 어떻게 놓여 있나요?
  - 두 명씩 앉을 수 있는 책상이 줄지어 놓여 있다.
- 두 명씩 짝이 되어 앉는 책상의 줄을 '분단' 이라고 말해요.

○ 앞으로 초등학교 교실처럼 모둠과 분단으로 모여 앉을 것임을 소개한다.

- 우리 교실을 초등학교 교실처럼 바꾸어서 모둠이나 분단으로 모여 앉는 방법을 연습해보기로 합시다.
- 왜 모둠이나 분단으로 모여 앉는 방법을 연습해야 할까요?
  - 유치원에서 모여 앉는 방법과 다르기 때문에 연습할 필요가 있다.
  - 초등학교에서는 앉아서 공부하는 시간이 길기 때문에 연습할 필요가 있다.

| 모둠으로 모여 앉기 |

○ 책상을 모둠별로 배치하는 방법에 대해 이야기 나눈다.

- 초등학교처럼 모둠별로 책상을 놓아 봅시다.
- 한 모둠에 5~6명이 앉게 하려면 한 모둠 당 책상이 몇 개 필요할까요?
  - 한 책상에 2명씩 앉으므로 6명이 앉으려면 책상 3개가 필요하다.
- 그럼 우리 반 어린이들이 모두 ○명이므로 모둠이 몇 개 필요할까요?
- 책상은 몇 개 필요할까요?
- (칠판에 그림을 그리며) 모둠별로 책상을 어디에 놓을지 그려볼게요.

○ 유아들과 책상을 옮겨 교실 환경을 바꾼다. TIP 1

- 칠판에 그린 그림대로 교실에 있는 책상을 옮겨봅시다.
- 첫 번째 모둠은 ○○영역에 있는 책상 2개를 붙여서 ○○영역 옆에 만들 거예요.
- 누가 나와서 선생님과 함께 책상을 옮겨볼까요?

○ 교실 환경을 바라볼 수 있는 곳에 앉은 후 교사가 모둠 표시를 붙인다.

- 모둠이 모두 몇 개가 되었나요?
  - 5개
- 모둠마다 각각 숫자로 이름을 붙여봅시다.
  - 1모둠, 2모둠, 3모둠, 4모둠, 5모둠
- 1모둠(2모둠, 3모둠, 4모둠, 5모둠)은 어디에 있나요?
  - ○○영역 옆에 있다.
- 이곳이 몇 모둠인지 알 수 있도록 책상 가운데에 모둠 표시를 붙일 거예요.
- 모둠 표시에는 모둠의 이름뿐만 아니라 모둠원의 이름도 적혀있어요.
- 앞으로 모여 앉는 시간(예: 계획하기 시간, 이야기나누기 시간, 간식 시간 등)에는 자기 이름이 적혀 있는 자리에 가서 앉을 거예요.

○ 유아들이 자기 이름이 적혀 있는 자리를 찾아서 앉도록 한다.

- 1모둠(2모둠, 3모둠, 4모둠, 5모둠) 어린이들의 이름을 부를게요. 1모둠(2모둠, 3모둠, 4모둠, 5모둠) 어린이들은 각자 자기 자리로 가서 앉으세요.

○ 모둠당번에 대해 이야기를 나눈다.

- 모둠마다 매일 '모둠당번'을 정할 거예요.
- '당번'이란 말을 언제 들어봤나요?
  - 간식 당번, 물주기 당번, 동물 먹이 주기 당번
- '당번'이란 무슨 뜻일까요?
  - 어떠한 역할을 맡은 사람을 뜻한다.
- 모둠당번은 어떤 역할을 맡은 사람일까요?
  - 모둠원들이 편하게 지낼 수 있도록 책임감을 갖고 도와주는 일
  - 책상 정리를 하는 일
  - 편지를 나누어 주는 일
  - 매일 출·결석 상황을 알리는 일

TIP 1 교실환경 전체를 볼 수 있는 곳(예: 쌓기 놀이 영역 등)에 모여 앉은 후 유아들과 함께 환경을 구성해본다. 혹은 유아들이 귀가한 후 교사가 환경을 구성하고 다음날 유아들이 등원한 후에 환경을 구성하기 전과 후의 모습을 비교해볼 수 있다.

모둠으로 모여 앉기

- 모둠당번은 하루에 한 사람씩 돌아가면서 맡도록 해요. 오늘 모둠당번을 한 어린이의 오른쪽에 앉은 어린이가 다음날 모둠당번을 할 거예요.
- 모둠당번이 누구인지 쉽게 알아볼 수 있는 방법이 있어요.
  - 모둠당번 표시를 이름 위에 붙인다. TIP 2
- 오늘 1모둠(2모둠, 3모둠, 4모둠, 5모둠)의 모둠당번은 누구인가요?
- 내일 1모둠(2모둠, 3모둠, 4모둠, 5모둠)의 모둠당번은 누구인가요? TIP 3

TIP 2 유아들이 그 날의 모둠당번을 알아볼 수 있도록 모둠당번 표시에 벨크로테이프를 붙여 모둠당번을 하게 될 유아의 이름 위에 붙이도록 한다.

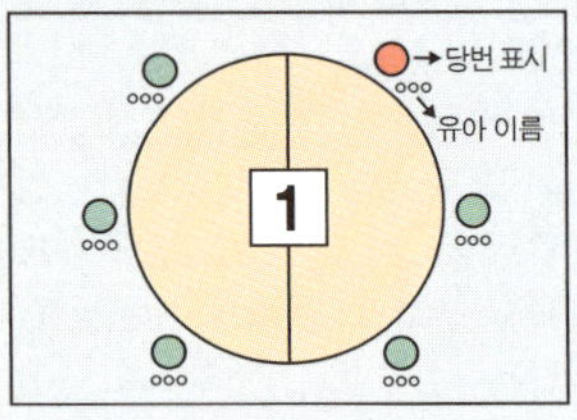

모둠당번 표시

TIP 3 귀가 시간 전에 다음 날의 모둠당번이 누구인지 알려주어 다음날 늦지 않도록 한다.

| 분단으로 모여 앉기 |

○ 분단으로 모여 앉을 것임을 소개한다.
- 요즘 유치원에서 어떻게 모여 앉아 생활하나요?
  - 모둠별로 앉고 있다.
- 초등학교에서는 모둠별로 앉기도 하지만 또 어떤 방법으로 모여 앉기도 하나요?
  - 두 명이 짝이 되어 분단으로 모여 앉는다.
- 내일부터는 책상을 줄지어 놓고 짝과 함께 앉을 거예요.

○ 책상을 분단으로 배치하는 방법에 대해 이야기 나눈다.
- 우리 반 어린이들이 모두 ○명이에요. 한 책상에 두 명씩 앉으려면 책상이 모두 몇 개 필요할까요?
- ○개의 책상을 네 분단으로 나눌 거예요. 한 분단에 몇 개의 책상을 놓으면 될까요?
- (칠판에 그림을 그리며) 책상을 어디에 놓을지 그려볼게요.

○ 유아들과 책상을 옮겨 교실 환경을 바꾼다. TIP 1
- 우리가 만든 그림대로 교실에 있는 책상을 옮겨봅시다.
- ○모둠의 책상을 ○분단으로 옮겨봅시다.
- ○모둠 어린이들은 선생님과 함께 책상을 옮겨봅시다.

○ 유아들이 앉을 자리를 안내한다.
- ○분단으로 책상이 놓았어요. 이제 자리에 가서 앉아봅시다.
- 선생님이 책상에 ○○○반 어린이들의 이름을 붙여놓을 거예요. 자기 이름표가 붙은 책상이 자기 자리가 되는 거예요.
- 내일 유치원에 와서 자신의 자리가 어디인지 확인해보세요.

분단으로 앉기

유의점

- 초등학교 교실처럼 교실환경을 구성하는 방법은 모둠별로 앉는 방법과 분단별로 앉는 방법 두 가지가 있다. 따라서 유아들과 의논하여 일정 기간은 첫 번째 방법으로, 다른 일정 기간 동안은 두 번째 방법으로 환경을 구성한다.
- 모둠별 혹은 분단별로 교실환경을 구성하기 전에 미리 흥미 영역의 수를 줄이고 교실 벽 쪽으로 흥미 영역을 배치한다. 칠판은 전체 유아가 잘 볼 수 있도록

교실 정면 중앙에 유아들의 눈높이를 고려하여 설치한다.

- 유아들과 함께 책상을 옮길 때에는 안전에 유의하도록 한다. 교사는 책상을 이동할 공간과 통로를 미리 계획하여 유아들과 함께 책상을 들고 옮기도록 한다.
- 유아들을 모둠 또는 분단으로 나누고 자리를 배치할 때에는 키가 작은 유아, 시력이 낮은 유아가 앞자리에 앉도록 한다. 키가 큰 유아가 앞쪽에 앉을 경우에는 가장 자리로 배치하여 뒤에 앉은 유아들의 시야를 가리지 않도록 한다. 또한 유아들의 성향, 교우관계, 성별 등을 고려하여 모둠 또는 분단별로 배치한다.
- 대집단 활동 시간에는 자기 자리에 앉고 방안놀이 시간에는 원하는 자리에 앉아 놀이할 수 있도록 한다.
- 모둠별로 앉는 경우 교사를 바라 볼 때 의자를 앞쪽으로 돌려 바른 자세로 앉도록 지도한다. 동화 감상과 같이 모둠별로 앉은 상태에서 모든 어린이들이 자료를 정확히 보기 어려운 경우에는 기존에 모여 앉는 방법대로 교실의 한 흥미 영역(예: 쌓기 놀이 영역, 언어 영역 등)에서 반원 형태로 모여 앉아 활동을 전개하도록 한다.

확장활동

- 유아들이 모둠, 분단으로 앉는 것에 익숙해지면 유아들과 의논하여 다양한 형태로 책상을 배치하여 교실환경을 구성할 수 있다(예: 반원 모양, 'ㄷ' 자 모양 등).

다양한 형태로 배치한 책상

관련활동

- 수학 '모둠 나누기' (52쪽 참고)
- 이야기나누기 '초등학교에 대해 궁금한 점' (56쪽 참고)
- 이야기나누기 '출 · 결석 확인하기' (50쪽 참고)

활동 2 출 · 결석 확인하기

집단형태

대집단활동

활동유형

이야기나누기

활동자료

출 · 결석을 표시할 게시판, 보드마카펜

출 · 결석을 표시할 게시판

모둠 당번이 출 · 결석 상황 발표하기

출 · 결석 상황 표기하기

활동목표

- 친숙한 수를 셈한다.
- 자신이 맡은 일에 책임을 다하는 태도를 갖는다.
- 여러 사람들 앞에서 바른 자세로 말한다.

활동방법

○ 계획하기 시간에 교사가 학급 유아들의 출석을 부른다.

○ 모둠당번의 역할을 소개하고 출결 상황을 알아본다.

- 앞으로 계획하기 시간에 각 모둠의 모둠당번이 앞에 나와서 그 모둠의 출석한 사람 수와 결석한 사람 수를 발표할 거예요.

○ ○모둠은 모두 몇 명인가요?

- 몇 명이 왔나요?
- 몇 명이 오지 않았나요?

○ 모둠 당번은 앞으로 나와서 출결 상황을 알린다.

- 지금부터 ○○○반 출 · 결석 상황을 발표하겠습니다.
- 먼저 ○모둠 모둠당번부터 나와서 발표하세요.
  - "우리 ○모둠의 출 · 결석 상황을 말씀드리겠습니다. ○모둠은 모두 여섯 명인데, 다섯 명이 출석했고 한 명이 결석했습니다. 결석한 사람은 ○○○입니다."
- 발표한 내용을 게시판에 써 봅시다.
- 이 표에서 ○모둠은 어디에 써야하나요?
- ○모둠은 모두 몇 명인가요?
- 그럼 어느 칸에 '○' 이라고 써야하나요?
- 온 사람의 수는 어디에 써야하나요?
- 오지 않은 사람의 수는 어디에 써야하나요?

○ 각 모둠의 출결 상황 발표를 마친 후, 학급 전체의 결석생 수와 출석생 수가 몇 명인지 알아본다.

- 오늘 우리 반에 오지 않은 사람은 모두 몇 명인가요?
- 왜 ○명이라고 생각했나요?
  - 각 모둠의 결석생 수를 더했다.

- 그럼 오늘 우리 반에 모두 몇 명이 왔나요?
- 왜 ○명이라고 생각했나요?
  - 우리 반의 전체 어린이 수에서 결석생 수를 뺐다.
  - 각 모둠의 출석생 수를 더했다.

유의점

- 출 · 결석 상황 발표는 유아 스스로 출 · 결석 상황을 알아본 후 완전한 문장으로 자연스럽게 표현하는 것에 중점을 두어 지도한다.

관련활동

- 이야기나누기 '초등학교 교실처럼 바꾸기' (46쪽 참고)
- 수학 '모둠 나누기' (52쪽 참고)

활동 3 모둠 나누기

집단형태

대집단활동

활동유형

수학

활동자료

게시판(자석 재질의 화이트보드), 자석자료, 보드마카펜, 화이트보드용 지우개

활동목표

- 전체와 부분의 관계를 안다.
- 친숙한 수를 셈한다.
- 초등학교 교실환경에 관심을 갖는다.

활동방법

○ 학급 유아의 수와 모둠의 수를 소개한다.

- 우리 반 어린이들은 모두 몇 명인가요?
  - 28명
- 우리 반에는 몇 개의 모둠이 있나요?
  - 5개

○ 한 모둠에 몇 명의 유아가 앉아야 할지 예측해본다.

- 우리 반 어린이들이 5개의 모둠으로 나누어 앉으려고 해요.
- 한 모둠에 몇 명의 어린이들이 앉으면 좋을까요?

○ 자석자료로 모둠 당 유아 수를 계산한다.

- 한 모둠에 몇 명의 어린이들이 앉아야 할지 생각해봅시다.
- 이 자석을 우리 반 어린이라고 생각해보세요.
- (게시판에 동그라미 5개를 그리며) 게시판에 모둠 5개를 그려볼게요.
- 5개의 모둠에 자석을 하나씩 붙여봅시다. (자석을 붙이고 난 후) 각 모둠에 자석이 몇 개 들어갔나요?
  - 1개
- 각 모둠에 몇 명씩 앉아 있나요?
  - 1명
- 자석을 하나씩 더 붙여볼게요.
  - 동일한 방법으로 자석 개수를 확인하며 각 동그라미당 5개의 자석을 붙인다.
- 이제 각 모둠에 들어간 자석이 몇 개씩 되었나요? 각 모둠에 몇 명씩 앉아있는 것인가요?
  - 각 모둠에 자석이 5개씩 들어갔다. 각 모둠에 5명씩 앉아있는 것이다.
- 남은 자석은 몇 개인가요?

• 3개이다.

■ 남은 자석 3개는 어떻게 해야 할까요?

• 모둠 3개를 골라 하나씩 붙인다.

■ 이제 각 모둠에 자석이 몇 개가 있나요?

• 3개의 모둠에는 자석이 6개 있고, 2개의 모둠에는 자석이 5개 있다.

■ 그렇다면 각 모둠에 몇 명의 어린이들이 앉는 것일까요?

• 3개의 모둠에는 6명이 앉고 2개의 모둠에는 5명이 앉는 것이다.

○ 모둠 당 모둠원 수를 표에 기록한다.

■ 우리가 정한 모둠원 수를 써봅시다.

■ ○모둠에 몇 명이 앉을까요?

• 6명(5명)

■ ○모둠 옆 칸에 6명(5명)이라고 써보세요.

■ ○모둠에는 몇 명이 앉아야 할까요?

• 5명(6명)

■ ○모둠 옆 칸에 5명(6명)이라고 써보세요.

○ 모둠 당 모둠원 수대로 자리를 이동한다.

○ 모둠원 수를 확인한다.

관련활동

■ 이야기나누기 '초등학교 교실처럼 바꾸기' (46쪽 참고)

활동 4

초등학교 교실 만들기

집단형태

자유선택활동

활동유형

쌓기 놀이 영역

활동자료

초등학교 교실환경 사진, 기록용구(예: 화이트보드, 보드마카펜 등), 교과서 · 공책을 만들 조각 종이, 책상을 만들 재료(예: 블록, 나무판자 등)

책상과 의자 만들기

활동목표

- 초등학교 교실환경에 관심을 갖는다.
- 유치원과 초등학교의 다른 점을 안다.
- 초등학교 교실을 친구들과 함께 직접 구성해본다.

활동방법

○ 유아들이 초등학교에 대해 관심을 갖게 되면 초등학교처럼 교실을 만들어 놀이하는 것을 제안한다.

○ 초등학교 교실을 본 경험을 이야기 나눈다.

- 초등학교 교실을 본 적이 있나요? 유치원과 어떻게 다른가요?
- 교실에는 무엇이 있나요?
  - 책상, 의자, 칠판, 선생님 책상 등이 있다.
- 학생들은 교실에서 무엇을 하나요?
  - 공부하는 시간에 책상에 앉아 선생님 말씀을 들으며 공부를 한다.
  - 쉬는 시간에 친구와 놀거나 휴식한다. 다음 시간을 준비하기도 한다.

○ 쌓기 놀이 영역에서 초등학교 교실을 꾸미는 방법에 대해 의논한다.

- 교실을 꾸미기 위해 무엇이 필요한가요? 어떻게 준비할 수 있을까요?
  - 책상과 의자 : 종이벽돌블록으로 책상을 만든다. 혹은 의자를 가져와 놓는다.
  - 칠판 : 화이트보드를 칠판으로 사용한다.
  - 교과서, 공책 : 조각 종이로 만들어 사용한다.

○ 유아들과 정한 방법대로 초등학교 교실을 만든다.

○ 유아들이 만든 초등학교 교실에서 학교 놀이를 한다.

○ 놀이를 평가한다.

- 놀이를 하면서 더 필요한 것이 있었나요?
  - 교과서, 공책과 연필을 넣고 다닐 가방과 필통을 준비한다.
  - 교과서, 공책과 연필은 놀이할 때 바로 사용하고 정리할 수 있도록 바구니에 담아 쌓기 놀이 영역 주변에 둔다.
  - 선생님을 하고 싶어 하는 사람이 많다. 여러 사람이 돌아가며 할 수 있도록 순서표를 만든다.

○ 놀이 평가에 나온 의견들을 토대로 필요한 소품들을 준비한다.

○ 다음 방안놀이 시간에 놀이 평가 내용을 반영하여 놀이를 한다.

관련활동

- 이야기나누기 '초등학교 교실처럼 바꾸기' (46쪽 참고)
- 이야기나누기 '초등학교에 대해 궁금한 점' (56쪽 참고)
- 이야기나누기 '초등학교 교과서 탐색하기' (60쪽 참고)

활동 5

초등학교에 대해 궁금한 점

집단형태
대집단활동

활동유형
이야기나누기

활동자료
칠판, 분필, 지우개

활동목표

- 유치원과 초등학교의 같은 점과 다른 점을 안다.
- 초등학교 생활에 관심을 갖는다.
- 초등학교 생활을 기대한다.

활동방법

○ 초등학교에 대해 알고 있는 점에 대해 이야기 나눈다.

- 초등학교에 대해 알고 있는 것을 말해보세요.
  - 수업 시간이 길고 쉬는 시간이 짧다.
  - 공부할 때 교과서와 공책이 필요하다.
  - 가방에 교과서, 공책, 필통, 준비물을 가지고 다닌다.
  - 자기 책상이 정해져 있다.

○ 유치원과 초등학교의 같은 점과 다른 점에 대해 이야기 나눈다.

- 유치원과 초등학교의 같은 점은 무엇인가요?
  - 같은 반 친구들과 선생님과 함께 지낸다.
  - 교실 안에서 생활한다.
  - 교실에 책상이 있다.
  - 시간표에 따라서 생활한다.
- 유치원과 초등학교의 다른 점은 무엇인가요?
  - 각자 책상과 의자가 정해져 있다.
  - 책과 공책을 가지고 가서 공부한다.
  - 공부하는 시간과 쉬는 시간이 반복된다. 공부하는 시간이 쉬는 시간보다 더 많다.
  - 알림장이 있다.

○ 초등학교에 대해 궁금한 점을 이야기 나눈다. TIP

- 초등학교에 대해 궁금한 점이 있나요?
  - 학교에 몇 시까지 가야 하나요?
  - 학교가 몇 시에 끝나나요?
  - 교실이 얼마나 큰가요?

TIP 유아들이 궁금하다고 이야기했던 내용을 칠판에 기록해 두거나 벽면에 게시해서 초등학생과 이야기를 나눌 때 사용한다.

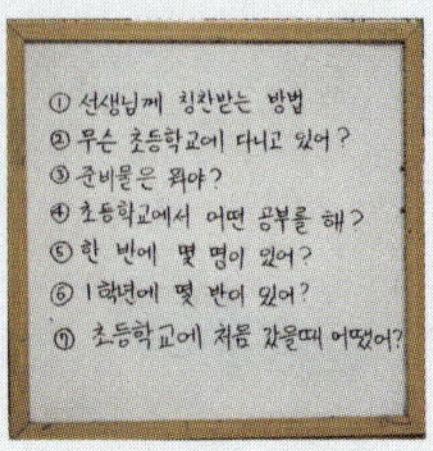

궁금한 점 목록

- 쉬는 시간에는 무엇을 하나요?
- 쉬는 시간이 시작하고 끝나는 것을 어떻게 알 수 있나요?
- 공책에 무엇을 적나요?

○ 궁금한 점을 알아보는 방법에 대해 이야기 나눈다.

■ 우리가 궁금한 점을 어떻게 알아볼 수 있을까요?

- 집에서 부모님께 여쭈어본다.
- 초등학교에 다니는 형, 언니에게 물어본다.

○ 초등학생을 유치원에 초대하여 궁금한 점에 대해 이야기 나눌 것임을 소개한다.

■ 유치원을 졸업한 선배들 중 초등학교에 다니고 있는 형, 언니(오빠, 누나)를 유치원으로 초대해서 우리가 궁금한 점을 물어볼 거예요.

관련활동

■ 이야기나누기 '유치원 졸업생 선배에게 궁금한 점 물어보기' (58쪽 참고)
■ 쌓기 놀이 영역 '초등학교 교실 만들기' (54쪽 참고)
■ 이야기나누기 '초등학교 교과서 탐색하기' (60쪽 참고)
■ 동화 '초등학교의 기대되는 점과 걱정되는 점' (65쪽 참고)
■ 동시 '학교 가는 첫날' (69쪽 참고)
■ 언어 영역 '짧은 글짓기' (73쪽 참고)

활동 6 유치원 졸업생 선배에게 궁금한 점 물어보기

집단형태
대집단활동

활동유형
이야기나누기

활동자료
칠판, 분필, 지우개, 유아들의 질문 목록

초등학생 선배와 이야기나누기

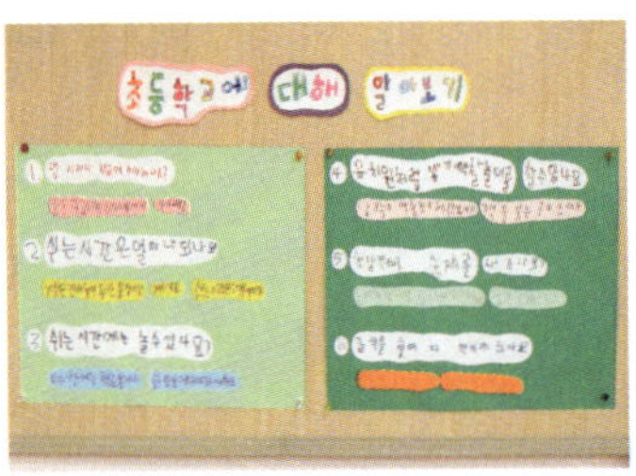
초등학교에 대해 궁금한 점

활동목표

- 유치원과 초등학교의 같은 점과 다른 점을 안다.
- 초등학교 생활에 관심을 갖고 궁금증을 해결한다.
- 초등학교 생활을 기대한다.

활동방법

○ 초등학교에 대해 궁금한 점 이야기나누기 활동을 회상한다.

○ 유치원을 방문한 초등학생 선배를 소개한다.

- 초등학생 형, 언니(오빠, 누나)에게 인사를 해봅시다.
- ○○○반 친구들에게 자기 소개를 할 수 있겠니?
  - 나는 ○○초등학교에 다니는 ○○라고 해. 작년에 ○○유치원을 다녔고 ○○○반이었어.
- 왜 초등학생 형, 언니를 초대했나요?
  - 초등학교 생활에 대해 궁금한 점을 물어보기 위해 초대했다.

○ 초대한 초등학생에게 궁금한 점을 물어보고, 초등학교 생활에 대한 이야기를 듣는다.

- 우리가 준비한 궁금한 점들을 물어보도록 합시다.
- ○○○반 동생들에게 학교생활을 잘 하기 위해 해주고 싶은 말이 있나요?
- ○○○반 친구들을 위해 유치원에 와서 이야기를 들려준 형, 언니(오빠, 누나)에게 감사 인사를 합시다.

○ 초등학생 형, 언니(오빠, 누나)와 이야기 나누었던 내용을 칠판에 기록해두거나 벽면에 게시한다.

유의점

- 학급 유아의 형제, 자매 중에서 본원을 졸업한 초등학생에게 연락하여 활동에 참여하기를 부탁한다. 유아들과 초등학생이 서로 친숙한 분위기에서 자연스럽게 이야기를 나눌 수 있도록 한다.
- 초등학생에게 활동 참여를 부탁할 때 활동 일정과 유아들의 궁금한 점 목록을 미리 알려주어 준비할 수 있도록 한다. 또한 초등학교 생활을 하며 느낀 점, 동생들에게 해주고 싶은 이야기 등을 준비해 오도록 안내한다.

관련활동

- 이야기나누기 '초등학교에 대해 궁금한 점' (56쪽 참고)
- 이야기나누기 '우리가 가는 초등학교' (62쪽 참고)

활동 7 초등학교 교과서 탐색하기

집단형태
대집단활동

활동유형
이야기나누기

활동자료
초등학교 1학년 교과서(예: 바른 생활, 슬기로운 생활, 즐거운 생활, 국어, 수학 등)

활동목표

- 초등학교에서 여러 종류의 교과서를 사용함을 안다.
- 교과서의 뜻을 알고 교과서의 내용에 관심을 갖는다.

활동방법

○ 초등학교 생활에 대한 내용을 회상한다.
- 초등학교는 유치원과 어떤 점이 다르다고 이야기 나누었나요?
- 초등학교에서는 공부를 할 때 꼭 필요한 것이 있다고 했어요. 무엇인가요?
  - 교과서
- 학교에서 배워야 할 내용들을 담은 책을 '교과서' 라고 해요.
- 초등학교 1학년 학생들이 사용하는 교과서에 대해 알아봅시다.

○ 초등학교 1학년 교과서들을 살펴본다.
- 혹시 형(오빠)이나 언니(누나)가 사용하는 교과서를 본 적이 있나요? 책의 제목이 무엇이었나요?
- (교과서를 보여주며) 초등학교 1학년 교과서들이에요. 제목을 읽어봅시다.
  - 바른 생활, 슬기로운 생활, 즐거운 생활, 국어, 수학

○ 교과서들 중 한 권을 선택하여 내용을 살펴본다.
- 오늘부터 매일 초등학교 1학년 교과서를 한 권씩 살펴보기로 합시다.
- ('바른 생활' 교과서를 보여주며) 무엇이라고 적혀 있나요? 같이 읽어봅시다.
  - 바른 생활
- 이 교과서에는 어떤 내용이 담겨 있을까요?
  - 바르게 생활하는 방법이 담겨 있을 것이다.
- 교과서를 펼쳐봅시다. 안에 무엇이 있나요?
  - 그림과 글자가 있다.
- 어떤 내용인지 읽어볼게요.
  - 바른 자세로 앉는 방법에 대한 내용
  - 친구들과 사이좋게 지내는 방법에 대한 내용
  - 안전하게 길을 건너는 방법에 대한 내용 등
- 교과서에 있는 내용 중 유치원 생활과 같은 점이 있나요? 무엇인가요?

■ 유치원 생활과 다른 점이 있나요? 어떤 점이 다른가요?

■ 이와 같은 방법으로 다른 교과서들도 살펴본다.

○ 교과서를 언어 영역에 비치한다.

■ 교과서들을 언어 영역에 둘게요. 교과서마다 어떤 내용이 담겨 있는지 살펴보세요.

관련활동

■ 이야기나누기 '초등학교에 대해 궁금한 점' (56쪽 참고)

■ 쌓기 놀이 영역 '초등학교 교실 만들기' (54쪽 참고)

활동 8

우리가 가는 초등학교

집단형태
대집단활동

활동유형
이야기나누기 · 수학

활동자료
컴퓨터, 빔프로젝터, 스크린

TIP 1 활동하기 전날 유아들에게 자신이 가게 될 학교 이름을 알아오도록 한다. 초등학교에 입학하지 않는 유아가 있는 경우 사전에 해당 유아와 부모님께 활동 내용을 이야기하고 졸업 후의 계획에 대해 소개하도록 한다.

TIP 2 발표를 마친 후에 바로 컴퓨터로 이동하여 자신의 이름과 초등학교의 이름을 기록하게 한다. 교사는 유아들이 글자를 입력하는 것을 도와준다.

TIP 3 활동을 시작하기 전 컴퓨터 프로그램을 이용하여 초등학교의 이름과 유아의 이름을 두 축으로 하는 표를 작성해둔다. 컴퓨터 활용이 어려운 경우에는 종이에 표를 그려서 준비한다.

내가 가는 초등학교 발표하기

활동목표

- 유치원을 졸업하고 초등학교에 가게 됨을 안다.
- 자신이 진학할 초등학교에 관심을 갖는다.
- 여러 사람들 앞에서 바른 자세로 말한다.
- 친구들의 이야기를 바른 자세로 듣는다.

활동방법

○ 유치원 졸업과 초등학교 입학에 대하여 이야기한다. TIP 1
- 유치원을 졸업하면 어디에 가나요?
  - 초등학교
- 각자 어떤 초등학교에 가는지 알고 있나요?

○ 유아들이 각자 자신이 진학할 초등학교를 발표한다 TIP 2
- 친구들이 무슨 초등학교에 가는지도 알고 있나요?
- 친구들에게 내가 가는 초등학교를 소개할 거예요.
- 친구들이 가는 초등학교의 이름을 잘 기억하려면 어떻게 하는 것이 좋을까요?
  - 발표를 한 후 선생님과 함께 컴퓨터로 초등학교 이름과 자신의 이름을 입력한다. TIP 3
  - 초등학교 이름과 자신의 이름을 적어 그래프로 만든다.
- ○○부터 발표를 해봅시다.
  - "저는 ○○초등학교에 갑니다."
- ○○와 같은 초등학교에 가는 사람이 있나요?

○ 모든 유아들이 발표를 마친 후 완성된 표를 보면서 이야기한다.
- 가장 많은 어린이들이 가는 초등학교 이름은 무엇인가요? 모두 몇 명이 가나요?
- ○○초등학교에는 누가 가나요?
- ○명이 가는 초등학교 이름은 무엇인가요?
- 우리 반 어린이들이 가는 초등학교의 수는 모두 몇 개인가요?

○ 완성된 표를 출력하여 교실 벽면에 게시한다. 유아들이 자신이 진학할 초등학교에 대해 알아온 자료나 각 학교를 소개하는 팜플렛 등을 함께 게시한다.

확장활동

- 유아들이 자신이 진학할 초등학교에 대해 가정에서 알아오도록 하여 서로 소개하는 활동을 전개한다. 초등학교 홈페이지나 입학설명회 시 배부하는 학교 안내 자료를 활용하여 초등학교 교가 들어보기, 초등학교 환경사진 보기, 교목이나 교화 알아보기 등의 활동을 할 수 있다.

관련활동

- 음률 영역 '내가 가는 초등학교 교가 듣기' (64쪽 참고)
- 동화 '초등학교의 기대되는 점과 걱정되는 점' (65쪽 참고)

활 동
9 내가 가는 초등학교 교가 듣기

집단형태
자유선택활동

활동유형
음률 영역

활동자료
컴퓨터, 스크린, 빔프로젝터, 레이저 포인터

활동목표

- 자신이 진학할 초등학교에 대해 관심을 갖는다.
- 초등학교 교가에 관심을 갖는다.

활동방법

○ 유치원 원가를 부른다.

○ 원가와 교가에 대해 이야기 나눈다.

- 어떤 노랫말이 있었나요?
- 우리가 지금 부른 노래의 제목은 무엇인가요?
  - 원가
- '원가' 란 무슨 뜻인가요?
  - 유치원을 대표하는 노래이다.
- 우리가 앞으로 가게 될 초등학교도 각 학교마다 학교를 대표하는 노래가 있어요. 이것을 '교가' 라고 해요.

○ 유아들이 진학하게 될 학교 홈페이지에 접속하여 교가를 들어본다.

- ○○○반 어린이들 중 ○○, ○○가 가게 될 초등학교의 교가를 들어봅시다.
- 어떤 노랫말이 있었나요?
- 노래를 들으니 어떤 느낌이 드나요?
- 이번에는 ○○초등학교의 교가를 들어보도록 해요.
- (2~3개의 초등학교의 교가를 들어본다.) 방안놀이 시간에 자신이 가게 될 초등학교 홈페이지에 접속해서 교가를 들어보도록 합시다.

○ 유아들이 가게 될 초등학교 홈페이지를 즐겨찾기로 추가하여 원하는 유아들이 교가를 들어 볼 수 있도록 한다.

관련활동

- 이야기나누기 '우리가 가는 초등학교' (62쪽 참고)

활동 10 초등학교의 기대되는 점과 걱정되는 점

집단형태

대집단활동

활동유형

동화

활동자료

초등학교 생활을 소개한 그림책(예: '난 학교가기 싫어', 로렌차일드 글 · 그림, 국민서관)을 동화자료로 제작한 것, 낮은 책상

활동목표

- 유치원을 졸업하고 초등학교에 가게 됨을 안다.
- 초등학교 생활을 시작함을 즐겁고 기뻐하며 기대한다.

활동방법

○ 유치원을 졸업하고 초등학교에 가게 됨을 이야기한다.

- ○일이 지나면 ○○○반 어린이들은 유치원을 졸업해요. 유치원을 졸업한 다음에는 어디에 가나요?
  - 초등학교

○ 동화를 들려준다.

- ○○○반 어린이들처럼 초등학교에 들어가게 된 어린이의 이야기를 들려줄게요.

○ 동화 내용에 대해 이야기 나눈다.

- 동화에 나온 ○○는 초등학교에 가는 것을 어떻게 생각했나요?
  - 초등학교에 가는 것을 싫어했다.
- 왜 학교에 가기 싫어했나요?
  - 급식을 잘 먹을 수 있을지 걱정되어서 싫어했다.
  - 새로운 친구를 사귈 수 있을지 걱정되어서 싫어했다.
- 어떻게 해서 학교에 잘 다닐 수 있게 되었나요?

○ 초등학교에 가서 좋은 점과 걱정 되는 점에 대해 이야기한다.

- ○○○반 어린이들은 초등학교에 갈 생각을 하니 기분이 어떤가요?
  - 즐겁다, 기쁘다, 설렌다
  - 걱정된다, 무섭다
- 초등학교에 가면 어떤 점이 좋을 것 같나요?
  - 새로운 선생님과 친구를 만날 수 있다.
  - 한 살 더 먹어서 형이 된다.
  - 언니, 오빠와 같은 학교에 다닐 수 있다.
- 초등학교에 가기가 걱정되는 사람이 있나요? 어떤 점이 걱정되나요?
  - 공부를 많이 해야 할 것 같다.
  - 학교에서 주는 급식이 맛이 없을 것 같다.

• 친구들이 나랑 놀아주지 않을 것 같다.

○ 초등학교를 즐겁고 기쁘게 다니는 방법을 의논한다.

■ 학교를 즐겁고 기쁘게 다닐 수 있는 방법은 무엇일까요?

• 해야 할 일을 미루지 말고 먼저 해 놓고 논다.

• 학교 다니기 전까지 음식을 골고루 먹는 연습을 한다.

• 친구들에게 친절하게 대한다.

• 처음 보는 친구에게 먼저 다가가서 말을 건넨다.

관련활동

■ 이야기나누기 '우리가 가는 초등학교' (62쪽 참고)

■ 이야기나누기 '초등학교에 대해 궁금한 점' (56쪽 참고)

■ 동시 '학교 가는 첫날' (69쪽 참고)

활동 11 초등학교 작품전시회 다녀오기

집단형태
대집단활동

활동유형
사회

활동자료
교사가 사전 답사 시 촬영한 초등학교 작품전시회 장소 사진, 디지털카메라

활동목표

- 초등학교 생활에 관심을 갖는다.
- 전시회에서 작품을 관람하는 방법을 알고 지킨다.
- 작품을 감상하며 심미감을 기른다.

활동방법

○ 전시회에 다녀온 경험에 대해 이야기 나눈다.

- 전시회에 다녀온 적이 있나요?
- 그 곳에 가서 어떤 것을 보았나요?
- '전시회' 란 사람들이 만든 작품을 여러 사람들이 볼 수 있도록 차려놓은 곳이에요.
- 오늘은 초등학생 형(오빠), 언니(누나)들이 만든 작품을 전시한 '○○초등학교 작품전시회' 를 다녀올 거예요.

○ 전시회 장소를 살펴보며 작품 관람 시 지켜야 할 약속에 대해 이야기 나눈다.

- 초등학생 형(오빠), 언니(누나)들이 만든 작품들이 복도에 전시되어 있어요.
- 우리는 형(오빠), 언니(누나)들이 교실에서 공부를 하는 동안 작품을 감상할 거예요. 감상할 때 어떤 점을 조심해야 할까요?
  - 친구들과 큰 소리로 이야기하지 않는다.
  - 복도에서 뛰어다니지 않는다.
  - 작품을 만지지 않고 눈으로 보며 감상한다.

○ 화장실을 다녀 온 후 작품전시회에 다녀올 준비를 한다.

○ 작품전시회 장소인 초등학교로 이동한다.

○ 작품을 감상한다.

- 무엇으로 만들었나요?
- 작품을 보면서 나라면 제목을 어떻게 지었을지 생각해봅시다. 실제 제목은 무엇인지 읽어봅시다. 제목을 왜 △△라고 지었을까요?
- 오래 기억하고 싶거나 인상 깊은 작품을 사진으로 찍어볼거에요. 사진을 찍고 싶은 작품이 있으면 손을 드세요. 선생님이 카메라를 주면 직접 작품의 사진을 찍어 보세요.

○ 작품전시회를 다녀온 후 사진을 보며 감상했던 것을 회상한다.

- 어떤 작품들을 감상했나요?
- 어떤 작품들이 가장 기억에 남나요?

○ 초등학교 전시회에서 찍은 사진을 벽면에 게시한다.

유의점

- 교사는 사전 답사를 통해 유아들이 감상하기에 적합한 작품을 선정하고 이동 경로를 정한다. 사전에 초등학교 측과 현장학습 일정과 사진 촬영 가능 여부에 대해 협의한다.

확장활동

- 초등학교 작품전시회에서 사진 찍어온 작품의 재료, 기법 등을 참고하여 유아들이 직접 작품을 만들어본다.

활동 12 학교 가는 첫날

활동목표

- 유치원을 졸업하고 초등학교에 가게 됨을 안다.
- 반복되는 구절을 낭송하며 운율을 느낀다.

집단형태

대집단활동

활동유형

동시

활동자료

동시자료, 게시판

활동방법

○ 학교 가는 첫 날의 모습을 상상하여 이야기 나눈다.
- 초등학교에 처음 가는 날 아침을 상상해봅시다. 어떤 모습일까요?
  - 세수를 하고 이를 닦는다.
  - 옷을 단정하게 입는다.
  - 아침밥을 맛있게 먹는다.
  - 전날 준비한 가방을 멘다.
  - 부모님과 함께 집을 나선다.

○ 동시를 소개한다.
- 어떤 아이가 처음 학교에 가는 날의 모습을 담은 동시를 들려줄게요. 이 동시는 윤석중 작가가 지었어요.

○ 동시를 낭송해준다.

○ 동시에 나오는 내용에 대하여 이야기 나눈다.
- 학교 가는 첫날에 어떤 일이 있었나요?
  - 장난감을 학교에 가져간다고 떼를 썼다.
  - 강아지도 학교에 데리고 간다고 했다.

○ 동시자료를 이용하여 교사가 다시 한 번 동시를 낭송한다.

○ 유아들과 교사가 나누어서 낭송한다.

○ 처음부터 함께 낭송한다.

○ 동시자료를 벽면에 게시하여 유아들이 자유롭게 낭송하고 감상할 수 있도록 한다.

관련활동

- 이야기나누기 '우리가 가는 초등학교' (62쪽 참고)
- 이야기나누기 '초등학교에 대해 궁금한 점' (56쪽 참고)
- 동화 '초등학교의 기대되는 점과 걱정되는 점' (65쪽 참고)

동 시

학교 가는 첫날

윤석중

장난감도 책가방에
넣어 달라고
길에서 떼를 쓰고
우는 일년생

바둑이도 데리고
가야 한다고
버티고 서 있는
학교 골목길

장난감만 있는 학교
어디 없을까?
바둑이도 다닐 학교
어디 없을까?

엄마 등에 업힌 아기
혼자 하는 말
"그런 학교 있다면
나도 가야지."

활동 13 친구들과 함께 그림책 읽기

활동목표

- 스스로 책을 읽는 태도를 기른다.
- 친숙한 글자를 익힌다.
- 친구와 함께 책을 읽는 즐거움을 경험한다.

활동방법

○ 친구들과 함께 읽을 책을 소개한다. TIP

- 책장의 '친구들과 함께 읽는 책' 칸에 무엇이 있나요?
  - ○○○ 책 4권이 있다.
- 왜 같은 책 4권이 있을까요?
  - 동시에 친구들 여러 명이 같이 읽을 수 있다.
- 친구들과 함께 소리 내어 읽을 수 있도록 같은 책을 여러 권 준비했어요.

○ 책의 제목과 겉표지를 살펴보고 내용을 예측해본다.

- 책의 제목이 무엇인가요? 소리 내서 읽어보세요.
- 이 책을 읽어본 사람 있나요?
- 책의 겉표지에는 어떤 그림이 그려져 있나요?
- 책의 제목과 겉표지를 보고 어떤 내용인지 알겠나요?
- 어떤 이야기가 담긴 책일까요?

○ 책을 함께 읽기 위해 주의해야할 점에 대해 이야기한다.

- 여러 명이 함께 책을 읽으려면 어떤 점을 주의해야 할까요?
  - 여러 명이 같은 속도로 읽는다.
  - 또박또박 읽는다.
  - 다른 놀이를 하는 친구들에게 방해되지 않도록 적절한 목소리 크기로 읽는다.

○ 친구들과 함께 읽을 부분을 정하고 각자 읽기 연습을 해본다.

- 책의 어느 부분을 함께 읽을지 정해봅시다.
- 각자 책을 소리 내서 읽어보세요.
- 모르는 글자는 선생님이나 친구들에게 물어보세요.

○ 친구들과 함께 책을 읽는다.

집단형태
자유선택활동

활동유형
언어 영역

활동자료
동일한 그림책 3~4권

TIP 책장의 한 칸을 '친구들과 함께 읽는 책' 칸으로 정하고 동일한 그림책 3~4권을 준비하여 유아들이 친구들과 함께 그림책을 읽을 수 있도록 한다.

친구들과 함께 그림책 읽기

유의점

- 교사는 유아들이 읽기 활동을 관찰하여 유아들의 언어 발달 수준에 따라 글자를 읽을 때 주의해야 할 점(예: 연음 현상, 띄어쓰기 등)을 개별적으로 지도한다.

확장활동

- 유아들이 그림책을 읽는 데 익숙해지면 유아들이 책 읽은 소리를 녹음하여 듣기 영역에 제시한다.

관련활동

- 언어 영역 '짧은 글짓기' (73쪽 참고)

활동 14 짧은 글짓기

활동목표

- 초등학교 교실환경과 관련된 단어에 관심을 갖는다.
- 단어를 이용해 문장을 구성해본다.

활동방법

○ 초등학교에 대해 이야기 나눈 내용을 회상하고 초등학교와 관련된 단어를 생각한다.
- 초등학교 교실에는 무엇이 있었나요?
  - 책상, 의자, 칠판, 시간표, 태극기 등이 있었다.
- 초등학교를 생각하면 무엇이 떠오르나요?

○ 교사는 유아들이 말한 단어를 칠판에 기록한다.
- ○○○반 어린이들이 이야기한 단어를 칠판에 적을게요.

○ 종이를 한 장씩 나누어주고 짧은 글 짓는 방법을 소개한다.
- 칠판에 적혀 있는 단어로 이야기를 지어볼 거예요. 먼저 자기가 좋아하는 단어를 골라보세요.
- 어떤 단어를 골랐나요? 종이에 써 보세요.

○ 방안놀이 시간에 단어를 활용하여 짧은 글을 짓고 종이에 기록한다.
- 자신이 고른 단어를 넣어 이야기를 만들어보세요. 종이에 이야기를 적으세요. 이야기와 어울리는 그림을 그려도 좋아요.
  - 칠판 : 선생님이 칠판에 글자를 적으셨습니다.
  - 의자 : 교실에 책상과 의자가 있습니다.
  - 시간표 : 교실 벽에 시간표가 붙어 있습니다.

○ 대집단활동 시간에 유아들이 지은 짧은 글을 발표한다.

○ 유아가 종이에 기록한 대로 교사가 칠판에 적고 유아들과 함께 읽어본다. TIP
- 선생님이 칠판에 적은 것을 함께 읽어봅시다.

○ 유아들이 지은 짧은 글과 그림을 책으로 묶는다.
- ○○○반 어린이들이 지은 이야기를 모아서 책으로 만들었어요. 이 책의 제목을 무엇이라고 하면 좋을까요?
  - '즐거운 초등학교'

집단형태

자유선택활동 · 대집단활동

활동유형

언어 영역

활동자료

B5용지, 1/2 크기의 종이, 기록용구(예 : 연필, 지우개, 화이트보드, 보드마카펜 등)

TIP 글자를 스스로 읽고 쓰는 것이 어려운 유아들이 많은 경우 본 과정은 생략하도록 한다.

• ‘우리는 초등학교에 갑니다.’ 등

○ 유아들과 겉장을 만들어 책을 완성한 후 언어 영역에 제공한다.

관련활동

■ 이야기나누기 ‘초등학교에 대해 궁금한 점’ (56쪽 참고)

활동 15 주사위 수만큼 신체 부분을 바닥에 닿게 하기

집단형태
중집단활동(약 15명)

활동유형
신체(체육)

활동자료
주사위, 동작 그림카드

활동목표

- 유연성과 균형감각을 기른다.
- 친숙한 수를 센다.

활동방법

○ 주변에서 볼 수 있는 친숙한 물건, 동물의 다리 수를 세어본다.

- 다리가 네 개인 동물에는 무엇이 있을까요?
  - 호랑이, 사자, 고양이, 강아지, 흑염소 등이 있다.
- 다리가 두 개인 동물에는 무엇이 있을까요?
  - 닭, 오리, 원숭이 등이 있다.

○ 활동을 소개한다.

- 사람의 다리는 몇 개인가요?
- 사람이 두 다리로 서 있을 때 바닥에 닿는 부분은 두 곳이에요.
- 몸을 움직여서 바닥에 닿는 부분을 다르게 할 수 있어요.
- (외발서기를 한 후) 바닥에 닿는 곳이 몇 군데인가요?
  - 한 군데가 닿았다.
- 몸의 어느 부분이 바닥에 닿았나요?
  - 왼쪽(오른쪽) 발바닥이 닿았다.

○ 바닥에 닿는 몸 부위의 수에 따라 몸을 움직여본다. TIP 1

- 몸의 한 곳만 바닥에 닿게 할 수 있는 방법이 무엇일까요?
  - 한 다리로 선다.
  - 엉덩이를 바닥에 대고 앉은 후 두 다리를 들어 올린다.
- 몸의 두 곳을 바닥에 닿게 해봅시다. 어떻게 할 수 있을까요?
  - 두 다리로 선다.
  - 한 다리로 선 후 한 손바닥으로 바닥을 짚는다.
- 어떻게 하면 몸의 세 곳을 바닥에 닿게 할 수 있을까요?
  - 두 다리로 선 후 한 손바닥으로 바닥을 짚는다.
  - 엉덩이를 바닥에 대고 앉은 후 무릎을 세운 자세로 두 발바닥을 바닥에 댄다.
  - 두 손바닥과 두 발바닥을 바닥에 댄 상태에서 한 발을 뗀다.

TIP 1 유아들이 다양한 동작을 표현하기 어려워할 경우 미리 준비한 동작 그림카드를 보고 동작을 따라해 보게 한다.

주사위 수만큼 신체 바닥에 닿기

TIP 2 교사는 유아들의 동작을 자세히 묘사해주어 유아들을 격려하고 유아들이 다른 친구의 동작을 참고할 수 있도록 한다.

- 어떻게 하면 몸의 네(다섯, 여섯) 곳을 바닥에 닿게 할 수 있을까요?

○ 주사위를 굴려 활동을 한다.

- 이번에는 주사위를 굴려서 나온 숫자만큼 몸의 부분을 바닥에 닿게 해봅시다.
- 노래를 부르면서 자유롭게 걸어 다니다가 호루라기를 불면 자리에 멈춰 서세요. 선생님이 주사위를 굴리면 나온 수를 보고 몸을 움직여보세요.
- 주사위에서 어떤 숫자가 나왔나요?
  - ○
- 몸의 ○군데가 바닥에 닿도록 모양을 만들어보세요. **TIP 2**

○ 준비물을 정리하고 휴식을 취한다.

3. 유치원 졸업

동생들에게 들려주고 싶은 이야기 녹음하기 / 합동송별회
/ 개인장 및 교실 정리하기 / 졸업가 / 졸업 기념 그림 그리기 / 졸업식

활 동 1

동생들에게 들려주고 싶은 이야기

집단형태

자유선택활동

활동유형

언어 영역

활동자료

종이, 기록 용구(예: 색연필, 사인펜, 매직펜, 네임펜 등)

활동목표

- 유치원에서 가장 형이 되는 동생들을 축하하고 형으로서의 태도를 갖도록 격려한다.
- 자신의 생각을 언어로 표현한다.

활동방법

○ ○○○반(형반)으로 진급했을 때의 생각과 느낌을 회상해본다.

- ○○○반 어린이들은 곧 유치원을 졸업하고 초등학교를 가요. ○○○반 어린이들이 초등학교에 가면 ○○○반에는 누가 지내게 될까요?
  - 동생들
- ○○○반 어린이들이 동생반에서 형반이 되었을 때 어떤 기분이 들었나요?
  - 형이 되니 기분이 좋았다.
  - 동생들에게 잘해주고 싶은 마음이 들었다.

○ 유치원 졸업을 앞두고 동생들에게 하고 싶은 말에 대해 이야기 나눈다.

- △△유치원에서 가장 형이 될 동생들에게 들려주고 싶은 이야기가 있나요?
- 형이 될 동생들에게 어떤 점을 당부하고 싶나요?
  - "형반에서는 9시에 계획하기를 하기 때문에 유치원에 9시까지 와야 해."
  - "형이 되어 급식을 하게 되면 처음에는 조금 힘들지만 먹다 보면 괜찮아질 거야."
  - "형반에는 친구들이 간식 먹는 것을 도와주는 간식 당번 역할이 있어."
  - "교실에서 뛰어다니거나 이야기나누기 시간에 장난치며 안 돼."
  - "선생님 말씀을 잘 듣고 친구들과도 사이좋게 지내."

○ 동생들에게 하고 싶은 말을 전달할 방법에 대해 이야기 나눈다.

- ○○○반 어린이들이 한 이야기를 동생들에게 어떻게 전해줄 수 있을까요?
  - 종이에 글자로 적는다.
  - 그림으로 그린다.
  - 종이를 모아서 책으로 만든 후 동생들에게 준다.
  - 유치원 복도 벽면에 게시한다.

○ 동생들에게 들려주고 싶은 이야기를 글자로 적거나 그림으로 그린다.

■ 동생들에게 들려주고 싶은 이야기를 종이에 적어주기로 해요.

○ 유아들의 의견을 반영하여 동생들에게 들려주고 싶은 이야기를 전달한다.

유아들이 만든 편지

관련활동

■ 이야기나누기 ‘합동송별회’ (80쪽 참고)

활동 2

합동송별회

집단형태

대집단활동

활동유형

이야기나누기

활동자료

칠판, 분필, 칠판지우개

활동목표

- 유치원을 졸업하고 동생들과 헤어짐을 안다.
- 유치원 선생님들과 직원들께 감사하는 마음을 갖는다.
- 유치원에서 함께 생활했던 동생들에게 고마운 마음을 갖는다.
- 합동 송별회 일정을 알고 필요한 것을 준비한다.

활동방법

| 합동송별회 계획 및 준비 |

○ 합동송별회의 의미에 대하여 이야기를 나눈다.

- ○○○ 반 어린이들은 유치원을 곧 졸업하게 되요.
- 졸업할 생각을 하니 어떤 마음이 드나요?
  - 기쁘다.
  - 설레인다.
  - 아쉽다.
  - 섭섭하다.
- 왜 섭섭한 마음이 드나요?
  - 유치원의 친구들, 선생님들, 동생들과 자주 볼 수 없기 때문이다.
- 유치원을 졸업하기 전에 동생들, 친구들, 선생님들이 모두 모여 인사를 나누는 시간을 가질 거예요.
- '송별회' 라는 말을 들어본 적 있나요?
  - 함께 지내던 사람들이 헤어지면서 섭섭한 마음을 달래고 앞날의 행운을 빌어주며 인사를 나누는 자리이다.
- △△ 유치원 식구들이 모두 모이는 '합동송별회' 를 열 거예요.
- 이번 주 ○ 요일에 합동송별회를 할 거예요.

○ 합동송별회의 일정에 대해 이야기하고, 준비할 것을 계획한다.

- 합동송별회에서는 어떤 것들을 하는지 알려줄게요.
  - 원장선생님의 말씀을 듣는다.
  - 동생들이 졸업하는 형들에게 하고 싶은 이야기를 한다.
  - 동생들이 졸업하는 형들에게 준비한 선물(예: 율동, 노래 등)을 보여준다.

- 선생님들이 졸업하는 형들에게 해주시는 좋은 이야기(덕담)를 듣는다.
- 다 함께 원가를 부른다.

■ 졸업하는 우리들을 위해 동생들과 선생님이 준비한 것을 보고 들으면 어떤 마음이 들까요?

- 감사한 마음

■ 우리도 감사한 마음으로 답례를 준비할 거예요. 무엇을 준비할까요?

- 노래를 불러준다.
- 동생들과 선생님께 하고 싶은 이야기들을 모아 그림편지를 만든다.

■ 그림편지에는 어떤 이야기를 담으면 좋을까요? TIP 1

- 유치원에서 함께 지내면서 즐거웠던 일
- 유치원의 가장 큰 형이 될 6세반 동생들에게 해주고 싶은 이야기
- 선생님께 감사했던 일

■ 우리가 이야기한 것들을 어떻게 하면 동생들에게 보여줄 수 있을까요?

- 글로 쓴다.
- 그림을 그린다.
- 사진을 넣는다.

■ 오늘과 내일 방안놀이 시간에 선생님과 함께 편지를 만들어봅시다.

○ 방안놀이 시간에 합동송별회를 준비한다.

| 합동송별회 |

○ 유치원의 원아들이 유희실에 모인다. 교사는 모임의 취지에 대하여 이야기 한다.

■ △△유치원 모든 어린이들과 선생님들이 왜 함께 모였을까요?

- 형들이 곧 유치원을 졸업하고 초등학교에 가게 되어 앞으로 자주 볼 수 없으므로 졸업하기 전에 인사를 나누기 위해 모였다.

○ 교사가 대표로 기도를 한다.

○ △△유치원 어린이들 모두 함께 원가를 부른다.

○ 원장선생님 말씀을 듣는다.

○ 유치원에서의 생활을 회상하는 영상물을 감상한다. TIP 2

■ 유치원에서 1년 동안 있었던 일을 담은 영상물을 볼 거예요.

○ 만 3, 4세 학급 유아들이 준비한 것(예: 노래, 율동 등)을 보여준다.

■ ○○○반 어린이들이 떠나는 언니, 오빠(누나, 형)를 위해 노래를 준비했대요. ○○○반 어린이들의 노래를 들어봅시다.

○ 만 5세 학급 유아들이 준비한 그림편지를 보여준다. TIP 3

■ 졸업하는 형들이 동생들에게 해주고 싶은 이야기를 그림편지에 담아 준비했어요.

○ 교사들이 유아들에게 해 주고 싶은 이야기를 들려준다.

■ 선생님들이 졸업하는 형들에게 해주고 싶은 이야기를 들려줄 거예요.

TIP 1 편지의 내용을 학급별로 나누어 맡아 하나의 편지로 만든다. 예를 들어 동생들과 즐거웠던 일, 형 반이 되는 동생들에게 당부할 점, 선생님께 드리는 감사 인사 등의 부분을 각 학급이 담당하여 제작한다.

TIP 2 1년 동안 유치원의 대표적인 행사 및 활동 사진을 활용하여 영상물을 제작한다. 유아들이 만든 그림편지는 컴퓨터로 작업하여 큰 화면을 통해 전원아가 함께 볼 수 있도록 한다.

TIP 3 편지는 유아들이 명확하게 들을 수 있도록 교사가 크고 정확한 목소리로 대신 낭독한다.

만 5세 학급 유아들이 준비한 그림 편지

○ 형과 동생이 작별인사를 나눈다.

- 옆에 앉아 있는 형, 동생과 인사를 나누도록 합시다. 어떤 말을 해 주면 좋을까요?
  - "잘 지내.", "잘 가.", "건강해.", "보고 싶을 거야."
- 인사를 하고 형, 동생을 꼭 안아주세요.

○ 각 학급으로 돌아간다.

관련활동

- 언어 영역 '동생들에게 들려주고 싶은 이야기' (78쪽 참고)
- 이야기나누기 '유치원에서 재미있었던 일' (18쪽 참고)
- 사회 '유치원에 계신 분께 인사드리기' (30쪽 참고)

활동 3 개인장 및 교실 정리하기

활동목표

- 개인장과 교실을 정리하며 유치원 생활을 회상한다.
- 내가 사용했던 물건과 교실을 스스로 정리정돈한다.

활동방법

| 개인장 정리하기 |

○ 졸업식을 준비하며 우리가 해야 할 일들에 대해 이야기 나눈다.

- 앞으로 ○일 후면 졸업을 해요.
- 졸업을 하면 더 이상 유치원에 오지 않아요. 유치원에 있는 자기 물건들은 어떻게 해야 할까요?
  - 친구들과 같이 보려고 가져 온 책이나 작품을 집으로 가져간다.
  - 장에 있는 개인 물건을 정리해서 집으로 가져간다.
- 유치원에 있는 자기 물건들을 정리해봅시다.

○ 장에 들어 있는 물건들을 정리한다.

- 장에 어떤 물건들이 있나요?
  - 여벌 옷, 조형 작품, 실내화, 실내화 가방, 실외화, 외투 등이 있다.
- 종이가방에 이름을 쓰세요.
- 서랍 안의 옷(예: 여벌 옷, 작업복 등)을 정리해서 비닐에 넣은 후 종이가방에 담으세요. 조형 작품들도 차곡차곡 담으세요.
- 실내화는 졸업식을 마친 후 실내화 가방에 넣어 가져갈 거예요.

○ 개인 물건을 담은 종이가방을 개인장 안에 걸어 놓고 졸업식 전날 귀가 시간에 가져간다.

| 교실 정리하기 |

○ 교실 정리의 필요성에 대해 이야기한다.

- 내일은 무슨 날인가요?
  - 졸업식
- 졸업을 하면 유치원에 오지 않기 때문에 각자 개인 물건을 정리했어요.
- 그 동안 친구들, 선생님들과 함께 지냈던 ○○○반 교실은 어떻게 해야 할까요?
  - 우리가 처음 ○○○반에 왔을 때처럼 깨끗이 정리해야 한다.

집단형태
대집단활동

활동유형
이야기나누기

활동자료
개인장 물건들, 여벌옷을 담을 비닐봉투, 유아들이 집에서 가져 온 가방 또는 종이가방 TIP 1

TIP 1 개인장을 정리하기 2~3일 전에 유아들에게 물건을 담을 가방을 가져오도록 안내한다.

TIP 2 흥미 영역에 따라 정리에 필요한 인원 수가 다르므로 유아 수를 적절히 조절하여 배치한다. 예를 들어 놀잇감의 종류와 수가 많은 쌓기 놀이 영역, 역할 놀이 영역에는 6~7명의 유아가 함께 정리하도록 하는 반면, 정리할 놀잇감의 수가 비교적 적은 언어 영역, 음률 영역, 과학 영역 등은 2~3명의 유아가 정리하도록 한다.

- 앞으로 ○○○반에서 지낼 동생들을 위해 선생님들이 방을 꾸밀 수 있도록 우리가 사용했던 물건들과 장들을 깨끗이 정리해야 한다.

○ 유아들이 역할을 분담한다.

■ 쌓기 놀이 영역, 역할 놀이 영역, 조형 영역, 수학 · 조작 영역, 언어 영역, 음률 영역, 과학 영역 중에서 자신이 정리하고 싶은 영역을 정하세요. **TIP 2**

○ 실내 · 외 자유선택활동 시간에 흥미 영역별로 정리를 시작한다.

- 쌓기 놀이 영역 : 블록 바구니를 비닐(신문지, 보자기)로 덮는다. 자동차 등 소품을 바구니에 넣는다. 신문지나 비닐로 교구장을 막는다.
- 역할 놀이 영역 : 소품들을 장 안으로 넣거나 바구니에 담는다. 신문지나 비닐로 교구장을 막는다.
- 조형 영역 : 교구장을 신문지로 막은 후 벽 쪽으로 민다.
- 언어 영역 : 그림책을 바구니에 넣는다. 인형 및 듣기 자료를 바구니에 넣는다. 그림사전을 바구니에 모은다. 그림사전 표시판을 뗀다.
- 수학 · 조작 영역 : 교구들을 바구니에 담는다.
- 컴퓨터 영역 : 컴퓨터 사용 순서판, (모래)시계, CD 등을 바구니에 담는다. 컴퓨터(본체, 모니터, 키보드, 프린터)를 보자기로 싼다.
- 벽에 붙어있는 화보나 작품을 뗀다.

○ 교실 정리가 끝난 후 교실을 돌아보며 계획대로 정리되었는지 살펴보고, 정리를 마친 느낌을 이야기 나눈다.

■ 자신이 어떤 역할을 맡아서 정리했는지 이야기해 줄 수 있나요?

■ 정리를 하면서 어떤 생각을 했나요?

■ 정리를 하고 나니 어떤 느낌이 들었나요?

유의점

■ 졸업식 전 주에 소지품을 담아 갈 종이가방을 가져오도록 하여 자유선택활동 시간에 유아들과 개별적으로 개인장을 정리한다. 개인장 정리는 졸업식 3~4일 전부터 자유선택활동 시간 중에 실시한다.

■ 겨울방학 때 정리된 교실의 모습을 찍은 사진을 보고 평가한 뒤 정리를 시작한다.

■ 유아들과 교실을 정리하기 위해서는 교사의 구체적인 사전 준비와 지원이 필요하다.

■ 유아들이 정리하기 어려운 부분(예: 카펫 말기 등)은 유아들이 귀가한 후에 교직원들이 정리하도록 한다.

관련활동

■ 이야기나누기 '졸업식' (88쪽 참고)

활동 4 졸업가

활동목표

- 유치원에서의 즐거웠던 일들을 회상한다.
- 유치원에서 함께 지낸 친구들과 선생님께 감사한 마음을 갖는다.

활동방법

○ 졸업의 뜻에 대해 이야기를 나눈다.
- (달력을 보며) 2월 ○ 일은 무슨 날인가요?
  - 졸업하는 날(졸업식)이다.
- 졸업은 무슨 뜻인가요?
  - 학교에서 가르치기로 정한 것들을 모두 배워 마쳤다는 뜻이다.
- 우리는 유치원에서 배우기로 한 것을 모두 배워서 이제 곧 졸업을 하게 되요.
- 유치원에서 배운 것 중에 무엇이 생각나나요?

○ 선생님, 친구들과의 헤어짐에 대해 이야기한다.
- 졸업을 하면 이화유치원의 친구들, 선생님과 헤어지게 되요.
- 유치원의 친구들, 선생님과 헤어진다고 생각하니 마음이 어떤가요?
  - 슬프다, 섭섭하다, 쓸쓸하다.
- 헤어지게 되는 친구들에게 해 주고 싶은 이야기가 있나요?
  - "잘 가.", "안녕, 공부 잘 해.", "그동안 고마웠어.", "건강해."
- 그 동안 어린이들과 재미있게 놀아주고 열심히 가르쳐 주신 선생님께 헤어질 때는 무엇이라고 말씀드려야 할까요?
  - "안녕히 계세요.", "고맙습니다.", "그 동안 가르쳐 주셔서 감사합니다."

○ 교사가 노래를 들려준다.

○ 노랫말 자료를 보며 노랫말을 익힌다.

○ 피아노 소리로 멜로디를 듣는다.

○ 교사와 유아가 나누어 부른 후 다 같이 부른다.

○ 교사가 2절 노랫말을 들려주고 1절 노랫말과 다른 부분을 알아본다.
- 1절과 어느 부분이 다른가요?

○ 처음부터 끝까지 2절을 함께 부른다.

집단형태

대집단활동

활동유형

노래

활동자료

노랫말 자료, 게시판

유의점

- 본 활동을 1차시에 모두 진행하기보다 2차시로 나누어 1절을 충분히 익힌 후에 2절을 배우도록 한다.

관련활동

- 이야기나누기 '졸업식' (88쪽 참고)
- 조형 영역 '졸업 기념 그림 그리기' (87쪽 참고)

악 보

졸업가

활동 5 졸업 기념 그림 그리기

활동목표

- 졸업 기념 그림의 의미를 안다.
- 자신의 생각을 그림으로 표현한다.

활동방법

○ 졸업 기념 그림 그리기에 대해 설명한다.

- 이제 며칠이 지나면 유치원을 졸업하고 초등학교에 입학해요.
- 졸업하는 어린이들이 그린 그림들을 모아 인쇄한 천을 졸업식 때 졸업 기념으로 나누어 가질 거예요.
- 졸업한 후에 그림을 보면 유치원에서 친구들과 즐거웠었던 일을 생각할 수 있어요. 또 어른이 되어도 같은 유치원에 다녔던 친구들을 기억할 수 있어요.

○ 졸업 기념 그림에 들어갈 그림 그리기 방법에 대해 소개한다.

- (전년도 졸업 기념 그림 액자를 보여주며) 이것은 작년에 졸업한 형들의 졸업 기념 그림이에요. 어떤 그림이 있나요?
- 졸업 기념 그림에 들어갈 그림으로 어떤 그림을 그리는 것이 좋을까요?
  - 내가 제일 좋아하는 것, 내가 제일 잘 그릴 수 있는 것
- 자신이 잘 그리는 것 또는 좋아하는 것을 한 가지 정하세요.
- (준비된 종이를 보여주며) 종이에 사인펜으로 그림을 그린 후 색연필로 색칠하세요. 천에 그림이 잘 찍혀 나올 수 있게 꼼꼼하게 색칠하세요.
- 그림을 완성한 사람은 그림 옆에 자신의 이름을 또박또박 쓰세요.
- 여러 사람들이 오래도록 간직할 그림이기 때문에 정성을 다해 열심히 그려야 해요.

○ 졸업 기념 그림을 그린다. TIP

졸업 기념 그림 사진

집단형태
자유선택활동

활동유형
조형 영역

활동자료
흰 도화지(약 6×8cm), 사인펜, 색연필, 전년도 졸업 기념 그림 액자

TIP 교사는 졸업하는 학급의 모든 유아들이 그린 그림을 한 장에 적절히 배치한다.

활동 6

졸업식

집단형태

대집단활동

활동유형

이야기나누기

활동자료

졸업식 순서지, 졸업생 명부, 졸업장, 태극기, 유치원 회상 영상물, 컴퓨터, 빔프로젝터, 스크린

TIP 1 유아들을 졸업식 시작 약 20분 전에 유희실로 등원하게 하여 입장을 준비한다. 졸업식에 참석하는 가족, 친지들은 졸업식장에서 유치원 홍보 영상물을 감상하면서 기다린다.

TIP 2 순서지 뒷면에 졸업식에서 부를 노래의 악보(예: 찬송가, 원가 등)를 실어 학부모 및 참석하신 축하객이 함께 부를 수 있도록 한다.

TIP 3 영상물을 감상한 후 그동안 즐거운 유치원 생활을 할 수 있도록 보살펴주신 부모님께 감사한 마음을 담아 노래를 불러드린다(예: 어머님의 마음 등).

TIP 4 유아들이 받은 졸업장은 교사들과 인사를 나눌 때 마지막 교사가 받아 봉투에 넣어 보관해 두었다가 졸업식을 마친 후에 각 학급으로 전달하도록 한다.

활동목표

- 졸업식에 바른 태도로 참여한다.
- 유치원 선생님께, 친구들에게 감사하는 마음을 갖고 표현한다.
- 부모님께 감사하는 마음을 갖고 표현한다.

활동방법

○ 졸업식장으로 입장하기 전에 모여 앉아 졸업식에서 지키기로 한 약속을 회상한다. TIP 1
- 오늘은 무슨 날인가요?
  - 졸업식
- 이제 졸업식장으로 들어갈 거예요. 졸업식에서 어떤 약속을 지키기로 했나요?
  - 바른 자세로 입장한다.
  - 졸업식이 진행되는 동안 어깨를 펴고 바른 자세로 앉아있는다.
  - 옆 사람과 이야기하지 않는다.
  - 자리에서 일어나거나 뒤돌아보지 않는다.

○ 화장실에 다녀온 후 졸업장을 받는 순서대로 줄을 선다. 졸업식장 문 밖에서 입장 준비를 한다.

○ 사회자가 개식사를 하면 유아들이 입장한다.
- 지금부터 △△유치원 제○○회 졸업식을 시작하겠습니다.

○ 국민의례를 한다.

○ 찬송가를 부른다. TIP 2

○ 목사님께서 졸업생들을 위한 기도를 한다.

○ 지난 1년 동안 유치원 생활 회상 영상물을 감상한다.
- 졸업생들이 유치원에서 생활했던 모습을 담은 영상물을 감상하겠습니다.

○ 감사한 마음으로 부모님께 노래를 불러 드린다. TIP 3

○ 졸업장을 수여한다. TIP 4

○ 원장선생님의 말씀을 듣는다.

○ 학부모회장님의 말씀을 듣는다.

○ 졸업생 전원이 자리에서 일어서서 졸업가를 부른다.

○ 원가를 부른다.

○ 목사님의 축도를 듣는다.

○ 사회자가 폐식사를 한다.

○ 졸업생들은 퇴장하여 각 반 교실로 이동한다.

관련활동

- 노래 '졸업가' (85쪽 참고)
- 조형 영역 '졸업 기념 그림 그리기' (87쪽 참고)
- 이야기나누기 '유치원에서 재미있었던 일' (18쪽 참고)
- 사회 '유치원에 계신 분께 인사드리기' (30쪽 참고)

사전준비

○ 2월 생활예정안을 통해 가정에 졸업식 일정을 안내한다.

○ 졸업식 일주일 전에 가정으로 초청장을 보낸다.

○ 졸업생 명부와 졸업장을 준비한다.

- 각 반별로 3개년, 2개년, 1개년 재원의 순서로 정리한다.

○ 졸업장을 넣을 봉투를 준비한다.

- 봉투의 앞면에 '축 졸업 ○○○(유아이름)' 라고 기록한다.

○ 졸업앨범을 준비한다.

- 졸업앨범의 개인 사진은 2학기 중(11월)에 사진관에서 개인별로 촬영하고 단체 사진은 10월 중에 유치원 마당에서 촬영한다.
- 앨범 사진은 사진의 상태 및 배열 상태, 유아의 이름 등을 철저히 점검하여 인쇄하도록 한다.
- 단체 사진의 앞부분에 사진의 윤곽과 유아들의 이름을 쓴 종이를 복사하여 붙여준다.

○ 졸업선물을 준비한다.

- 졸업생 전원아의 그림을 축소하여 천에 인쇄한 졸업 기념 그림이 구겨지지 않도록 말아서 포장한다.
- 유아들이 각각 자신의 이름을 쓴 배꽃 모양 종이를 색지에 복사한다. 종이의 뒷면에는 학급 단체 사진을 붙인다.

○ 유치원 생활을 되돌아보는 영상물을 제작한다.

- 월별 유치원 행사와 학급 활동, 놀이 모습을 담은 사진을 편집하여 제작한다.

○ 졸업식장에 붙일 식순을 준비한다.

○ 학부모 및 축하객에게 배부할 순서지를 준비한다.

○ 졸업식장에는 태극기, 졸업장을 놓을 책상, 교사가 앉을 책상과 의자, 학부모가 앉을 의자를 준비하여 배치한다.

부록

1. 주간교육계획안

만 5세 ○○○ 반 주간교육계획안 20○○ 학년도 ○ 월 ○ 주	생활주제	겨울 유치원 졸업과 초등학교 입학	주 제	즐거웠던 겨울방학 / 유치원 생활 돌아보기 / 초등학교 생활 알아보기
목 표	즐거웠던 겨울방학을 회상하며 친구들과 다양한 방법으로 경험을 공유한다. / 유치원에서 지내면서 즐거웠던 것을 회상하며 유치원 생활을 돌아본다. / 유치원과 초등학교의 같은 점과 다른 점에 대해 안다. / 초등학교 교실환경에 관심을 갖는다.			

활동	요일/날짜	월(○ 일)	화(○ 일)	수(○ 일)	목(○ 일)	금(○ 일)	평가
자유선택활동	쌓기 놀이 영역	• 버그토이 · 빙빙 블록으로 구성물 만들어 놀이하기 • 벽돌블록 및 유니트블록으로 이글루 만들고 펠트지로 이글루 옷 만들어 남극 놀이하기 →					
	언어 영역	• '겨울', '유치원 졸업과 초등학교 입학' 생활주제 관련 그림책 읽기 • '겨울', '유치원 졸업과 초등학교 입학' 생활주제 관련 그림사전 만들기 • 자음 · 모음 도장으로 겨울 관련 글자 구성하기					
	수학 · 조작 영역	• '겨울', '유치원 졸업과 초등학교 입학' 생활주제 관련 수학 · 조작 교구(눈사람 퍼즐, 초등학교 관련 사진과 명칭 연결하기) 하기 • '수 더하고 빼기' 조작 교구하기					
	과학 · 컴퓨터 영역	• 물고기 돌보기 • 얼음 녹이기 • 얼음 얼리기 (실외) • '밀리의 수놀이 가게' CD-ROM 하기 • '겨울', '유치원 졸업과 초등학교 입학' 생활주제 관련 글자 입력해보기					
	조형 영역	• 겨울방학동안 즐거웠던 일 그리기 →		• 생일선물 만들기(편지쓰기, 그림 그리기, 색종이 접기 등) →		• 유치원에서 즐거웠던 일 그리기	
	음률 영역	• 겨울 관련 악보 보며 악기(실로폰, 돌림 핸드벨) 연주하고 노래 부르기 • 전자 피아노로 여러 가지 소리 탐색하기 • 전자 피아노로 연주하는 것 녹음하여 듣기 →					
	실외 영역	• 마당: 조합놀이터, 모래놀이터, 대근육 기구에서 놀이하기 / 눈썰매장에서 썰매타기 / 눈으로 눈사람 만들어 놀이하기 • 마당에 쌓인 눈 · 고드름 관찰하기 →					
대 · 소집단활동	이야기나누기	• 겨울방학 동안 즐거웠던 일	• 겨울 관련 단어 바르게 쓰는 방법	• 유치원에서 재미있었던 일	• ○○○ 생일 축하	• 초등학교 교실처럼 바꾸기 • 겨울 관련 단어 쓰기 (소)	
	동화 · 동극 · 동시		• 프레드릭 (OHP)				
	음 악	• 멋진 눈사람 (새노래)					
	율 동				• ○○○ 반 어린이들이 재미있게 했던 율동		
	신 체			• 막대 허들 뛰어 넘기 (체육)			
	수 학			• 모둠 나누기			
	과 학		• 얼음 녹이기				
	사 회				• 예배	• 겨울철 건강관리-동상 예방법	
	바깥놀이	• 눈 관찰하기		• 눈으로 눈사람 만들기			
	간 식	• 찐빵1, 우유	• 단호박죽, 배	• 잣죽, 귤	• 생일간식, 우유	• 산딸기과자1, 우유	
	급 식	• 잡곡밥, 팽이버섯달걀국, 오징어볶음, 감자조림, 김치, 김구이 / 사과	• 잡곡밥, 시금치된장국, 닭고기야채조림, 얼갈이들깨무침, 김치, 김구이 / 메론	• 카레덮밥, 콩나물국, 야채샐러드, 깍두기 / 방울토마토	• 잡곡밥, 아욱국, 돈육파인애플조림, 고사리나물, 김치 / 파인애플	• 발아현미밥, 쇠고기무국, 삼치조림, 숙주나물, 깍두기 / 딸기	
	전이 · 주의집중	• '겨울 바람' 노래 부르기	• 등원한 남자, 여자 수 셈하기	• 끝말잇기	• 친구 어깨 주물러 주기	• 시계 보고 시간 읽기	
	귀가지도	• 실내화를 벗어 바르게 정리하기 • 두 손을 배 가운데 모으고 고개 숙여 선생님께 바르게 인사하기	• 날씨가 많이 추우므로 따뜻하게 입기 • 아침식사하고 유치원 오기	• 등원할 때, 귀가 후 부모님께 바르게 인사하기 • 겉옷 스스로 입기	• 예배 말씀 잘 기억하고 실천하기 • 컴퓨터, 텔레비전 30분 이상 사용하지 않기	• 칫솔, 실내화 세척해오기 • 주말 동안 규칙적으로 생활하기 • 빌린 그림책 가지고 가기	
급식조력부모		• ○○○, ○○○	• ○○○, ○○○	• ○○○, ○○○	• ○○○, ○○○	• ○○○, ○○○	
비 고					※ 예배(○○○ 전도사님) ※ ○○○ 생일축하	※ 그림책 반납 및 대출일	

만 5세 ○○○ 반 주간교육계획안 20○○ 학년도 ○ 월 ○ 주	생활주제	유치원 졸업과 초등학교 입학	주 제	유치원 생활 돌아보기 / 초등학교 생활 알아보기 / 유치원 졸업
목 표	선생님, 친구들과 함께 했던 유치원 생활을 마무리하며 여러 활동을 통해 감정을 공유한다. / 내가 가는 초등학교에 대해 안다. / 졸업식의 의미, 절차를 알고 준비과정에 참여한다.			

활동	요일/날짜	월(○ 일)	화(○ 일)	수(○ 일)	목(○ 일)	금(○ 일)	평가
자유선택활동	쌓기 놀이 영역	• 버그토이 · 빙빙 블록으로 구성물 만들어 놀이하기	• 벽돌블록으로 초등학교 교실 만들어 놀이하기 →	→	→	→	
	언어 영역	• '유치원 졸업과 초등학교 입학' 생활주제 관련 그림책 읽기	• '유치원 졸업과 초등학교 입학' 생활주제 관련 그림사전 만들기		• 자음 · 모음 도장으로 겨울 관련 글자 구성하기		
	수학 · 조작 영역	• '유치원 졸업과 초등학교 입학' 생활주제 관련 수학 · 조작 교구(초등학교 관련 사진과 명칭 연결하기) 하기			• '수 더하고 빼기' 조작 교구하기 →	→	
	과학 · 컴퓨터 영역	• 물고기 돌보기 • 얼음 녹이기 • 얼음 얼리기 (실외)	• '밀리의 수놀이 가게' CD-ROM 하기	• '유치원 졸업과 초등학교 입학' 생활주제 관련 글자 입력하기 →	→	→	
	조형 영역	• 졸업 선물에 들어갈 그림 그리기 · 이름 쓰기 →	→	• 동생들에게 들려주고 싶은 이야기 적고 그림 그리기 →	→	• '나의 책' 표지 그림 그리기	
	음률 영역	• ○○○반 어린이들이 좋아하는 노래 녹음한 것 CD플레이어로 듣기		• 겨울 관련 악보 보며 악기 연주하고 노래 부르기	• 전자 피아노로 연주하는 것 녹음하여 듣기		
	실외 영역	• 마당: 조합놀이터, 모래놀이터, 대근육 기구에서 놀이하기 / 눈썰매장에서 썰매타기 / 눈으로 눈사람 만들어 놀이하기			• 마당에 쌓인 눈 · 고드름 관찰하기		
대 · 소집단활동	이야기나누기	• 내가 가는 초등학교	• △△초등학교 작품 전시회에서 볼 수 있는 것	• 작품 전시회 관람시 지켜야 할 약속 • 동생들에게 들려주고 싶은 이야기	• 초등학교에 대해 궁금한 점 • 초등학교 교과서 탐색하기	• 유치원 졸업생 선배에게 초등학교에 대해 궁금한 점 물어보기	
	동화 · 동극 · 동시		• 난 학교가기 싫어 (그림동화)		• 기도하는 손 (그림동화)		
	음 악	• ○○○반 어린이들이 좋아하는 노래 녹음하기		• 친구와 헤어질 때 (새노래)		• 졸업가 I (새노래)	
	율 동						
	신 체	• ○○○반 어린이들이 재미있게 했던 게임				• 주사위 수만큼 신체 부분을 바닥에 닿게 하기 (체육)	
	수 학						
	과 학		• 장 담그기–소금물에 메주 띄우기				
	사 회			• 질서를 지키며 작품 관람하기	• 예배		
	바깥 놀이	• 국민체조하고 팔 벌려 뛰기 20번 하기 →	→				
	간 식	• 유기농카스테라1, 우유	• 떡볶이5, 우유	• 모닝빵1, 양송이스프	• 색편1, 우유	• 유기농시리얼, 우유	
	급 식	• 잡곡밥, 소고기당면국, 닭강정, 콩나물무침, 깍두기 / 딸기	• 잡곡밥, 배추된장국, 호두멸치볶음, 야채달걀말이, 깍두기 / 사과	• 보리밥, 만둣국, 고등어조림, 소세지아스파라거스볶음, 깍두기 / 메론	• 검은콩밥, 감자국, 닭볶음탕, 깻잎찜, 김치 / 배	• 떡국, 장조림, 숙주나물, 김치 / 귤	
	전이 · 주의집중	• 등원한 남자, 여자 수 셈하기	• 끝말잇기	• 배운 노래 부르기	• '멋진 눈사람' 노래 부르기	• 등원한 남자, 여자 수 셈하기	
	귀가지도	• 마당놀이 때 필요한 장갑, 모자, 목도리 반드시 챙겨오기	• 등 · 하원 시 부모님께 인사드리기 • 형제, 자매와 사이좋게 지내기	• 초등학교에 대해 궁금한 점 미리 생각해 오기	• 내일은 유치원에서 빌려간 그림책을 모두 반납하는 날임, 잊지 않고 가져오기	• 다음 주에 개인장을 정리할 것임, 종이봉투 가져오기	
급식조력부모		• ○○○, ○○○	• ○○○, ○○○	• ○○○, ○○○	• ○○○, ○○○	• ○○○, ○○○	
비 고				※ △△초등학교 작품 전시회 관람	※ 예배(○○○ 전도사님)	※ 그림책 반납 및 대출일	
총 평							

2. 일일교육계획안

담임	원감	원장

학급명	○○○반 (만 5세)	날 짜	20○○년 ○월 ○일 ○요일	수업일수	○○ / ○○○일
생활주제	유치원 졸업과 초등학교 입학	주 제	유치원 생활 돌아보기 초등학교 생활 알아보기 유치원 졸업	소주제	즐거웠던 유치원 생활 내가 진학하게 될 초등학교의 특징 졸업식의 의미
목 표	선생님, 친구들과 함께 했던 유치원 생활을 마무리하며 여러 활동을 통해 감정을 공유한다. / 내가 가는 초등학교에 대해 안다. / 초등학교 생활을 기대한다. / 졸업식의 의미, 절차를 알고 준비과정에 참여한다.				
일일 시간표	9:00~ 등원 및 실내자유선택활동 9:10~ 계획하기 9:20~ 실내자유선택활동 (9:20~) 그림책 반납 (도서실, 1모둠:9:20~/2모둠:9:35~) 10:00~ 정리정돈 및 놀이평가 10:10~ 간식 '유기농시리얼, 우유' 10:30~ 이야기나누기 '유치원 졸업생 선배에게 궁금한 점 물어보기' 10:50~ 실외자유선택활동 11:40~ 노래 '졸업가 I' 12:00~ 점심식사 13:00~ 실내자유선택활동 13:25~ 체육 '주사위 수만큼 신체 부분을 바닥에 닿게 하기' (유희실) 13:50~ 평가 및 귀가지도				

시간 / 활동명	활동목표	활동내용	준비물 및 유의점	평 가
9:00~ 등원 및 실내자유선택활동	• 등원을 하여 해야 할 일을 알고 스스로 한다.	• 등원 및 인사나누기 - 선생님께 바르게 인사하기 - 출석 표시판에 출석 표시하기 - 하고 싶은 놀이 3가지 계획하기 • 언어, 수학 · 조작놀이영역에서 놀이하기 • 기본생활습관 지도하기 - 놀이 계획하고 실천하기, 자기 일을 스스로 하기, 실내화 바르게 신기, 실내에서 적당한 크기의 목소리로 이야기하기		

시간 / 활동명	활 동 목 표	활 동 내 용	준비물 및 유의점	평 가
9:10~ 계획하기	• 선생님, 친구들과 인사를 나누고 서로에게 관심을 가진다. • 하루 일과를 계획하여 기대감을 갖도록 한다.	◎ 계획하기 • 자리정돈 및 주의집중: ○○의 달라진 점 찾기 • 출석 부르기 • 출 · 결 상황 확인하기 - 모둠 당번은 칠판에 출결석 상황 기록하기 - 모둠 당번이 일어나서 각 모둠의 출 · 결 상황 확인 및 발표하기(저는 ○모둠의 모둠 당번을 맡은 ○○○입니다. 저희 모둠은 모두 ㅇ명인데, ○명이 왔고 ○명이 안 왔습니다. 안 온 사람의 이름은 ○○○입니다.) • 하루 일과 계획하기 - 그림시간표 소개하기(시계로 시간 소개하기)	• 유아 명단 • 달력, 날씨표시판, 그림시간표	
9:20~ 실내자유선택활동		• 선택한 흥미영역에서 놀이하기		
	• 내가 가장 잘 그릴 수 있는 그림을 정성껏 그린다.	[조형] 나의 책 그림 그리기 - 이제까지 모아놓은 나의 작품 감상하기 - 나의 작품집 겉표지를 정성스럽게 꾸미기	• 조형: A4용지, 싸인펜, 색연필, 크레 파스, 매직	
	• 초등학교 환경에 관심을 가진다.	[쌓기] 종이벽돌블록으로 초등학교 교실 만들어 놀이하기 - 초등학교 교실 모양, 필요한 물건 생각하기 - 블록과 의자 등을 이용해 교실 환경 구성하여 놀이하기	• 쌓기: 여러 종류의 블록, 의자, 초등학교 교과서, 가방, 게시판, 공책, 필기류	
	• 자음 · 모음의 조합에 관심을 갖는다.	[언어] 자음 · 모음 도장으로 겨울 관련 글자 구성하기 - 쓰고 싶은 글자 생각하기 - 자음 · 모음 도장에서 필요한 도장을 찾아 단어, 문장 만들어 보기	• 언어: 자음 · 모음 도장, 스탬프, 필기도구, 종이	
	• 더하기 · 빼기 수학공식을 안다. • 수를 더하고 뺀다.	[수학 · 조작] 수 더하고 빼기 - 수 더하고 빼기 의미 알기 - 수가 적힌 판 탐색하기 - 10이하의 수 더하고 뺀 후 결과판 통해 결과 알아보기 - 10이하의 수에 익숙해지면 20이하의 수 더하고 빼보기	• 수학 · 조작: 수가 적혀 있는 판, 더하기 · 빼기 판, 결과판(수 만큼 과일을 부직포를 사용하여 붙였다 떼는 판)	
	• 컴퓨터 사용방법을 알고 활용한다.	[과학 · 컴퓨터] '유치원 졸업과 초등학교 입학' 생활주제 관련 글자 입력하기 - 컴퓨터 본체와 모니터 켜기 - 한글을 입력할 수 있는 프로그램 열기 - 글자 카드를 보며 입력하고 프린트해보기	• 과학 · 컴퓨터: 컴퓨터, 모니터, 본체, 키보드, 프린트, 순서표, 연필	
	• 유치원 생활을 회상한다. • 노래를 부르며 즐거운 마음을 갖는다.	[음률] ○○○반 어린이들이 좋아하는 노래 녹음한 것 듣기 - 노래책을 보며 듣고 싶은 노래 정하기 - CD플레이어로 원하는 노래 번호를 누른 후 재생하기 - 친구와 같이 노래를 듣고 따라 부르기	• 음률: ○○○반 어린이들이 노래한 것을 담은 CD, CD 플레이어, 노래책	

시간 / 활동명	활동목표	활동내용	준비물 및 유의점	평가
(9:20~) 그림책 반납 (도서실, 1모둠 9:20~/ 2모둠 9:35~)	• 도서실을 사용하는 방법을 알고 실행한다.	◎ 그림책 반납 (도서실, 1모둠 9:20~/2모둠 9:35~) • 그림책 가방에서 대출했던 그림책 꺼내기 • 도서실에 가서 대출증 사용하여 그림책 반납하기	• 대여한 그림책, 대출증 - 교실: ○○○교사 - 도서실: ◇◇◇교사	
10:00~ 정리정돈 및 놀이평가	• 자기가 가지고 놀았던 놀잇감을 정리할 수 있다. • 친구를 도와 줄 수 있다.	• 자기가 놀았던 영역부터 정리하기 • 다른 영역 정리 도와주기 • 놀이 평가하기 - 방안놀이 시간에 어떤 놀이를 하기로 계획했었나요? - 계획한 놀이를 모두 했나요? - 못했다면 왜 계획대로 놀이하지 못했나요? • 놀이 평가판에 표시하기 - 자신의 놀이 평가판을 찾아서 놀이하고 난 기분 표시하기	* 쌓기 놀이 영역은 5분 전에 미리 정리정돈 신호를 한다.	
10:10~ 간식 '유기농시리얼, 우유'	• 손을 깨끗이 씻는다. • 친구들의 간식을 준비하고 대접하며 책임감을 갖는다. • 다른 사람과 함께 간식을 먹을 때 지켜야 할 예절을 알고 실천한다.	◎ 간식 '유기농시리얼, 우유' • 화장실에서 손 씻고 자리에 앉기 • 간식 당번 간식 준비하기 • 오른쪽 방향으로 간식 그릇 전달하며 간식 덜기 • 간식 먹고 쟁반에 정리하기 • 간식 당번이 간식 접시가 담긴 쟁반 간식차에 정리하기 • 간식을 먹은 후 언어, 수학 · 조작, 과학 영역에서 놀이하기	- 간식 준비 및 손 씻기 지도: ◇◇◇ 교사 - 책상별로 이름 부르기: ○○○교사	

시간 / 활동명	활 동 목 표	활 동 내 용	준비물 및 유의점	평 가
10:30~ 이야기나누기 '유치원 졸업생 선배에게 궁금한 점 물어보기'	• 초등학교 생활에 관심을 갖고 궁금증을 해결한다. • 초등학교 생활을 기대한다.	◎ 이야기나누기 '유치원 졸업생 선배에게 궁금한 점 물어보기' • 자리정돈 및 주의집중: 배운 노래 부르기 '친구와 헤어질 때' • 활동 소개하기 - 어제 우리가 무엇에 대해 이야기를 나누었나요? (초등학교에 대해 궁금한 점) - 궁금한 점을 누구에게 물어보기로 하였나요? (초등학교에 다니는 형, 누나들) - 초등학교 생활에 대해 이야기를 듣기 위해 작년에 ○○○반을 다녔던 형, 누나들을 초대하였음 • 초등학교 형, 누나에게 인사하기 • 초등학교 생활에 대한 이야기 듣기 • 초등학교 생활에 대해 궁금한 점 이야기나누기 ① 유치원처럼 장난감이 있나요? ② 초등학교에서는 간식을 먹나요? 간식 당번이 있나요? ③ 점심 식사 때 음식을 다 먹어야 하나요? ④ 초등학교에는 각자 개인장이 있나요? 어디에 있나요? ⑤ 초등학교 교실은 어떻게 생겼나요? ⑥ 1학년은 모두 몇 개의 반이 있나요? 이름은 어떻게 되나요? ⑦ 학교에서 지켜야 할 규칙에는 어떤 것들이 있나요? • 감사 인사하기	• 초등학교 선배에게 물어볼 질문이 적힌 종이, 화이트보드, 보드마카펜, 화이트보드용 지우개 * 유아들이 초등학교에 대해 궁금하다고 이야기했던 내용을 칠판에 기록해 두거나 벽면에 게시하여 초등학생과 이야기 나눌 때 사용하도록 한다.	
10:50~ 실외자유선택활동	• 놀이기구를 안전하게 사용한다. • 실외놀이규칙을 지키며 놀이한다.	◎ 실외자유선택활동 • 국민체조하고 팔 벌려 뛰기 20번 하기 • 실외자유선택활동하기 [조합놀이터] 줄 잡고 올라가기, 미끄럼틀, 그물, 흔들다리에서 놀이하기 [모래놀이터] 모래놀이용구로 산, 강, 찻길 만들기 [마당] 눈썰매장에서 썰매타기, 눈으로 눈사람 만들어 놀이하기 [대근육기구] 그네타기, 네스팅브릿지에서 놀이하기 [소꿉놀이방] 소꿉놀이하기, 음식 만들고 차려서 놀이하기	* 유아들이 안전하게 놀이할 수 있도록 지도한다.	

시간 / 활동명	활 동 목 표	활 동 내 용	준비물 및 유의점	평 가
11:40~ 노래 '졸업가 I'	• 유치원에서의 즐거웠던 일들을 회상한다. • 유치원에서 함께 지낸 친구들과 선생님께 감사한 마음을 갖는다.	◎ 노래 '졸업가 I' • 자리정돈 및 주의집중: 수수께끼 '△△ 유치원' • 졸업의 뜻에 대해 이야기나누기 - 2월 ○일은 무슨 날인가요? (졸업하는 날) - 졸업이 무슨 뜻인가요? (학교에서 가르치기로 정한 것들을 모두 배워 마쳤다는 뜻) - ○○○반 어린이들은 유치원에서 배우기로 한 것을 모두 배워서 이제 곧 졸업을 하게 됨 - 유치원에서 배운 것 중에 무엇이 생각나나요? • 선생님, 친구들과의 헤어짐에 대해 이야기나누기 - 졸업을 하면 이화유치원의 친구들, 선생님과 헤어지게 됨 - 헤어진다고 생각하니 마음이 어떤가요? - 헤어지게 되는 친구들에게 하고 싶은 이야기가 있나요? 친구들에게 직접 이야기해보자 - 선생님께 헤어질 때는 무엇이라고 말씀드려야 할까요? • 교사가 노래 들려주기 • 노랫말 자료 보며 노랫말 익히기 • 교사와 유아 나누어 부르고 바꾸어 부르기 • 다함께 부르기 • 앞으로 할 활동 안내하기 - 이 노래는 2절까지 있는 곡임. 다음주에 2절도 배워 불러볼 것임 - 졸업가는 졸업식 날 다 같이 부를 것이므로 모일 때 종종 불러볼 예정임	• 노랫말 자료, 게시판	
12:00~ 점심식사 '떡국, 장조림, 숙주나물, 김치 / 귤'	• 급식 방법과 정리 방법을 알고 실천한다. • 음식을 골고루 먹는 습관을 기른다. • 바른 태도로 음식을 먹는 습관을 기른다.	◎ 점심식사 '떡국, 장조림, 숙주나물, 김치 / 귤' • 화장실에서 손을 씻기 • 자리에 가서 앉기 • 배식대 앞에 줄서기(책상별로) • 배식대에서 식판에 밥, 반찬을 받은 후 자리에 가서 앉기 - 감사 인사드리기 • 책상 위에 놓여 있는 수저, 물컵 챙긴 후 밥을 먹을 수 있도록 준비하기 • 기도한 후 점심식사 하기 - 나눠주시는 국 받기 - 즐겁게 식사하기 - 골고루 먹기 - 더 먹고 싶은 반찬이 있을 경우 손들기 • 후식 먹기 • 정리하기 • 양치하기 - 이를 다 닦고 난 후 이 닦기 표시판에 표시하기 - 칫솔을 칫솔통에 넣어 개인장에 가져다 놓기 • 수학 · 조작 놀이 영역, 언어 영역, 과학 영역에서 놀이하기	- 배식대 준비 및 점심식사 세팅: ◇◇◇ 교사, 급식조력부모(○○○, ○○○) - 배식: ○○○교사(국), 급식조력부모(밥, 반찬) - 배식 전후 자리 정돈 및 식사 준비 지도: ○○○교사 *유아들이 식사하는 모습을 관찰하고 바른 태도로 골고루 음식을 섭취할 수 있도록 지도한다. - 급식차 및 배식대 정리: 급식조력부모(○○○, ○○○)	

시간 / 활동명	활 동 목 표	활 동 내 용	준비물 및 유의점	평 가
13:00~ 실내자유선택활동	• 친구와 사이좋게 지낸다.	◎ 실내자유선택활동 • 하고 싶은 놀이 선택하여 놀이하고 실천 · 평가하기	* 쌓기 놀이 영역에서의 놀이는 제한한다.	
13:25~ 체육 '주사위 수만큼 신체 부분을 바닥에 닿게 하기'	• 유연성을 기른다. • 숫자를 센다.	◎ 체육 '주사위 수만큼 신체 부분을 바닥에 닿게 하기' • 자리정돈 및 주의집중: 동물의 다리 수 세어보기 • 활동 소개하기 - 사람의 다리는 몇 개 인가요? (2개) - 두 다리로 서 있을 때 바닥에 닿는 부분은 2곳임. 그러나 몸을 움직여서 바닥에 닿는 부분을 다르게 하고, 수도 다르게 할 수 있음 - 오늘은 바닥에 닿는 몸 부위를 다르게 하는 활동을 해 볼 것임 • 바닥에 닿는 몸 부위의 수에 따라 몸 움직여보기 - 몸의 한 곳만 바닥에 닿게 할 수 있는 방법이 무엇일까요? (한 다리로 서기, 엉덩이만 바닥에 대고 있기 등) - 몸의 두 곳을 바닥에 닿게 해보자. 어떻게 할 수 있나요? - 어떻게 하면 몸의 세 곳을 바닥에 닿게 할 수 있을까요? - 몸의 네(다섯, 여섯)곳을 바닥에 닿게 할 수 있을까요? • 주사위를 굴려 활동해보기 - 이번에는 주사위를 굴려서 나온 숫자만큼 몸의 부분을 바닥에 닿게 해보자 - 노래를 부르며 돌아다니다가 선생님이 주사위를 던져 나온 수를 보고 그 수만큼을 바닥에 닿게 해보자 • 정리 체조하기	• 주사위, 동작 그림카드 *유아들의 동작을 자세히 묘사해 주어 유아들을 격려하고 유아들이 다른 친구들의 동작을 참고할 수 있도록 격려해준다.	
13:50~ 평가 및 귀가지도	• 유치원에서의 하루 일과를 회상해본다. • 귀가 전에 해야 할 일을 알고 실천한다.	• 하루 일과 평가하기 - ○○○반에서 지내면서 즐거웠던 점 이야기하기 - ○○○반에서 지내면서 속상하거나 불편했던 점 이야기하기 • 다음 주에 개인장을 정리할 것임. 물건을 담을 종이봉투 하나씩 가져오기 • 출석이름표 / 놀이계획표시 정리하기 • 실내화와 칫솔통은 실내화 가방에 넣어 가져가기. 깨끗이 세척하여 다음 주 월요일에 가져오기 • 대출한 그림책 가져가기 • 바르게 인사하고 가기	- 귀가 준비 지도: ◇◇◇ 교사 - 귀가장소로 유아 인솔: ○○○교사	
비 고	※ 그림책 반납 및 대출일			
총 평				

참고문헌

김진영(2009). 김진영 동요집. 교문사.

로렌차일드(2003). 난 학교가기 싫어. 국민서관.

이기숙 · 김희진 · 이경미 · 이순영(1998). 유아를 위한 소비자교육 프로그램. 양서원.

이은화 · 김순세(1973). 어린이 춤곡. 형설출판사.

이화여자대학교 사범대학 부속 이화유치원(1970). 노래동산.

이화여자대학교 사범대학 부속 이화유치원(1987). 유아를 위한 즐거운 놀이.

이화여자대학교 사범대학 부속 이화유치원(1995). 3, 4, 5세 어린이를 위한 유치원 교육과정 운영의 실제. ⑬ 국민학교에 가려면. 교문사.

저자소개

홍용희 이화여자대학교 사범대학 부속이화유치원 원장
이화여자대학교 사범대학 유아교육과 교수

오지영 이화여자대학교 사범대학 부속이화유치원 원감

강경미 현 이화여자대학교 사범대학 부속이화유치원 교사

강지영 전 이화여자대학교 사범대학 부속이화유치원 교사

곽진이 전 이화여자대학교 사범대학 부속이화유치원 교사

김혜전 전 이화여자대학교 사범대학 부속이화유치원 교사

이누리 전 이화여자대학교 사범대학 부속이화유치원 교사

전우용 전 이화여자대학교 사범대학 부속이화유치원 교사

이화유치원
교육과정 운영의 실제
만 5세 ⑬ 유치원 졸업과 초등학교 입학

2012년 4월 2일 초판 인쇄
2012년 4월 10일 초판 발행

지은이 이화여자대학교 사범대학 부속이화유치원
펴낸이 류제동
펴낸곳 (주)교문사

책임편집 정혜재
본문디자인 아트미디어
표지디자인 이수미
제작 김선형
영업 정용섭·이진석·송기윤

출력 아트미디어
인쇄 동화인쇄
제본 한진제본

우편번호 413-756
주소 경기도 파주시 교하읍 문발리 출판문화정보산업단지 536-2
전화 031-955-6111(代)
팩스 031-955-0955
등록 1960. 10. 28. 제406-2006-000035호

홈페이지 www.kyomunsa.co.kr
E-mail webmaster@kyomunsa.co.kr
ISBN 978-89-363-1235-0 (93370)
ISBN 978-89-363-1141-4 (93370) 전 36권

값 15,000원